贾扶栋

闪电富翁创始人
企业盈利系统专家
清华大学EMBA总裁班客座教授
诚铭源教育集团董事长
世界第一国际品牌管理咨询机构董事长
北京盈利天下管理咨询有限公司董事长
中国十大营销导师
中国品牌建设十大杰出人物
共和国十大新锐人物
中国管理咨询行业新锐人物

● 贾扶栋与汇源集团董事长朱新礼在一起交流

● 贾扶栋与全国工商联副主席保育钧亲切合影

● 贾扶栋与亚洲顶尖演说家陈安之同台演讲并合影留念

● 贾扶栋与亚洲超级演说家林伟贤同台演讲并合影留念

● 贾扶栋与力帆集团总裁尹明善合影留念

● 贾扶栋与远东控股集团董事长蒋锡培交流

2009年7月中国·太原“闪电富翁创富大会”，现场与1000多名学员分享闪电富翁创富秘诀。

贾扶栋导师授课与咨询注重“实战、实效、实操”，拒绝空洞、说教和虚华，直面接受他培训的学员已超过10万人。100%的企业绩效获得递增，其中75%的企业绩效递增30%-200%。

精品课程推荐NO.1：利润密码

利润密码-业绩暴增100倍的秘密

第一天

NO.1 企业方向

千年不倒的企业到底在卖什么？

创业之初老板为什么累？

老板怎么赚钱回报率更高？

团队如何放手却不哗变？

老板如何降低决策风险？

NO.2 零风险倍增利润

业绩暴涨的三扇窗口？

如何把产品卖出高价？

如何裂变客户数量？

如何迅速提高成交率？

如何2年内赚完20年的钱？

第二天

NO.1 自动化盈利系统

如何让员工“无人驾驶”？

如何让客户快速掏钱？

如何快速提升成交率？

如何开发高管潜能？

老板如何甩掉公司包袱？

NO.2 成功掌控命运

如何把坏事转化为好事？

如何把企业危机转化为商机？

如何让任何言语都伤害不到你？

如何把控自己的命运？

如何达成十年目标？

第三天

NO.1 解码经典商业模式

千年不倒企业的商业模式？

如何找到一本万利的产品？

如何主动创造商机？

如何把客户变成免费业务员？

百亿商业模式如何打造？

NO.2 基业长青的秘密

如何让员工都敢于承担责任？

如何让员工做梦都在工作？

如何牢牢抓住高管的心？

如何用企业文化把员工锁住？

如何让骨干独当一面？

你的业绩增长为何缓慢？

世界500强是如何快速创富？

如何打造独特的商业模式？

以上问题只有一个答案——利润密码！

郑重提醒：成功者只是比90%的人更懂得把握机会，请立刻致电：400-1144-888 抢定名额！

精品课程推荐NO.2：闪电富翁博士班

闪电富翁博士班-打造自动化赚钱机器

第一天

NO.1 打造赢利项目
如何挖掘最佳的赚钱模式
揭秘超暴利项目创造法则

NO.2 营销的真相
直复式营销的三个关键秘诀
飙升成交率的超级武器

NO.3 打造流量入库系统
零成本增加客户策略
24小时自动现金流魔咒

NO.4 打造自动成交系统
如何塑造产品的独特卖点
无可抗拒的零风险承诺

第二天

NO.1 打造成交主张
自动成交杀手锏之风险逆转
傻瓜式说服技术

NO.2 成交方式组合秘籍
七种成交方式揭秘
自动成交X因子

NO.3 成交阶梯设置
鱼饵产品设置十大策略
打造超级赠品

NO.4 顾问式销售
客户自动成交对话控制
打造超级意见领袖

第三天

NO.1 成交方程式
激发客户购买欲望的秘密
闪电富翁五步成交方程式

NO.2 连环追售系统
放大100倍利润的追售秘诀
极限病毒行销技术

NO.3 自动化赚钱机器
无敌星型发售技术
杀手级文案+七日成书法

NO.4 企业营销系统优化
企业金字塔构建系统
员工自动化驱动机制

你将学会如何在90天内，
利用闪电富营销体系**打造**自动化**赚钱机器**，
让你实现每天去度假，
而企业仍在持续不断的自动盈利！

郑重提醒：成功者只是比90%的人更懂得把握机会，请立刻致电：400-1144-888 抢定名额！

精品课程推荐NO.3：绝对赢销

绝对赢销-营客户·赢市场·盈利润

NO.1 全套世界级的成交训练

贾扶栋老师将会在一天的时间中培养您坚实的发问基本功。在彻底纠正您错误的销售习惯后，训练您的发问技巧，一切就像是条件反射一样简单。

NO.2 完美销售的具体步骤

贾老师将训练您如何大幅度地提高您在顾客心目中的信赖感，教会您如何洞察人心和如何促使顾客下定决心，以及如何倍增产品价值的塑造方法。您会感受到：由于基本功的扎实，您的成交技巧已有大幅度的提高。

NO.3 最实用的百问百答秘籍

贾扶栋老师将帮助您打造专属于您的行业、您的公司的销售百问百答秘籍，帮助您实现“自动化+傻瓜化”销售，真正实现把话说出去，把钱收回来。

NO.4 颠覆性的实用演练

您将感受到史上最实用的销售演练，它是如此强烈地震撼您的大脑——会冲击着您过去传统的销售习惯，彻底颠覆您对销售的看法。如果您将我的基本功应用到应对顾客抗拒的六大步骤上，您会看到您的成交技巧已经真实地为您提升业绩。

你知道在你的身边有99%的人，

都是用收入来衡量你这个人的吗？

《绝对赢销》揭秘不为人知的成交绝技！

让你的收入在**最短的时间**像直升机一样**直线提升！**

郑重提醒：成功者只是比90%的人更懂得把握机会，请立刻致电：400-1144-888 抢定名额！

我敢保证

“你从来没学习过如此实用的课程”

58同城山西分公司　总经理　王 勇

从公司快速发展到走进了瓶颈期，我很困惑。幸运的是我有幸结识了贾扶栋老师，贾老师让我重新认识了什么是真正的营销。

之前我们的一些营销策略和方法就像一个一个的“点”，是贾老师在3天的时间内帮助我把这些“点”系统地串在一起，让我找到了一套系统的强大的营销体系。

杭州劲道私房面餐饮连锁　董事长　徐 斌

2012年12月份我有幸参加了贾扶栋老师的课程，学会了如何在增加客流与钱流的地方放大奖励，掌握了贾老师的奖励体制优化核心原则，把一生一次的客户变成一生一世的客户。

运用了贾老师营销策略和方法，在4个月的时间里我们从3家店快速扩展到了7家店。并且实现了持续盈利，利润以90%的速度在递增。

济南天姿摄影连锁机构　董事长　郝宗环

在贾扶栋老师的课程中我学到了很多之前从未接触过的、不可思议的营销策略，例如：优化酬薪制度，打造超级意见领袖等。

课程结束后，贾老师协助我们做了未来3年的“作战计划”，3年来运用贾老师的方法和策略，我们不断地开拓旗舰店，吸引高端客户，利润以每年50%的速度递增！

西安诺亚壁纸　总经理　王 飞

在贾扶栋老师的课程上，我学到了很多东西，使用了“超级意见领袖”和“锁定追售”这两个方法，我的企业在半年内销售额已经提升了200%。

感受最深的就是，这个课程可以让我们学以致用，立马就可以用上。所以，我最想向贾老师说的一句话就是：贾老师，你送给我们的不是一堂课，而是一台印钞机！

沈阳嘉琳美美容用品有限公司　总经理　郑元东

在贾扶栋老师的课程里，我收获了这堂课程本身价值的10到20倍，所以我很愿意把贾老师课程推荐给我身边的朋友。

首先，我学到真东西了，所以我问心无愧地把它推荐给我身边的朋友，如果你不来就是你的损失。如果要用一句话来说给贾老师听，我只能说：谢谢你，贾老师！

郑州美好时光婚庆礼仪连锁机构　总经理　王 雪

通过参加贾扶栋老师的课程，至少让我今年的业绩从200万快速提升到300万，这是没有任何问题的！

更重要的是，我能够很快把我学到的营销策略和实战方法带回去教给我的员工，让我的员工整体的营销思路和方法都能快速提升，为企业创造利润，实现员工的自身价值。

石家庄世纪星教育　校长　刘敬未

参加了贾扶栋导师的课程，学了贾老师的薪酬制度优化、产品分类组合，就这几个点让我们公司的利润在30天内提升了10%。

最重要的是，贾扶栋老师的思想要点学完后回到自己的企业中能真正的落地和执行，并且在执行的过程中有新的困惑还可以回来复习，真心感谢贾老师！

东方乾坤科贸有限公司　董事长　赵士权

结识贾老师已经有6年的时间，我们公司一路成长与发展都离不开贾扶栋老师的帮助，在贾老师的协助下，我们公司每年的利润以50%以上的速度持续递增。

用四个词来总结贾扶栋老师的课程，那就是：系统、实用、实效、实操。贾扶栋老师带给我的不仅是财富，更是受用一生的智慧。

颠覆

寻找最佳商业模式三部曲

贾扶栋　任芳进◎著

中国财政经济出版社

图书在版编目（CIP）数据

颠覆：寻找最佳商业模式三部曲 / 贾扶栋，任芳进著. —北京：中国财政经济出版社，2013.9
ISBN 978-7-5095-4836-3

Ⅰ.①颠… Ⅱ.①贾… ②任… Ⅲ.①企业管理-商业模式-研究 Ⅳ.①F270

中国版本图书馆CIP数据核字（2013）第226473号

责任编辑：冯忠贵　　　　责任印制：刘春年

中国财政经济出版社出版
URL：http://www.cfeph.cn
E-mail：cfeph@cfeph.cn

社址：北京市海淀区阜成路甲28号　邮政编码：100142
营销中心电话：010-88190406　北京财经书店电话：010-64033436
北京富生印刷厂印刷　各地新华书店经销
787×1092毫米　16开　14.5印张　169 000字
2013年11月第1版　2013年11月北京第1次印刷
定价：35.00元
ISBN 978-7-5095-4836-3 / F·3916
（图书出现印装问题，本社负责调换）
本社质量投诉电话：010-88190744
反盗版举报热线：88190492　88190446

目 录

序 言

颠覆才能创富

商业模式（Business Model）是企业家和风险投资者经常提到的一个词。这个名词的首次提出是在20世纪50年代，在90年代开始广泛流传于企业圈中。

企业发展的关键是商业模式，如果说企业的硬实力是资本，那么模式就是企业发展的“软实力”。当今社会环境中，中小企业是新经济板块里一股强劲的快速增长的力量，它们只有拥有自己的商业模式，才能创造出一个属于它们的新经济发展的天地。因此说，商业模式决定企业成败。

在企业家眼中，为何商业模式如此重要呢？

现代企业的竞争不再是价格的竞争和生产力的竞争，而是企业商业模式的竞争。现代管理学之父彼得·德鲁克如是说。

随着经济全球化的发展，企业的市场竞争压力也越来越大。

在这个全球性的市场竞争中，企业要想立于不败之地，就必须不断地学习，将企业武装起来。

商业模式是企业家为了最大化企业价值而构建的、为企业利益相关者提供服务的交易结构。对于一个企业的发展来说，商业模式起着举足轻重的作用。一个好的商业模式，可以给企业带来巨大的利益。

那么，企业如何寻找一个最佳的商业模式呢？而当所有人都在寻找最佳商业模式的时候，你又拿什么去和别人拼呢？

答案便是颠覆，颠覆才能创富。

这也正是作者的创作初衷——教给企业人如何以一种颠覆的方式，寻找属于自己的商业模式三部曲，为企业量身打造最佳商业模式。

在这个过程中，关键是要以一种颠覆的方式去设计企业的商业模式，改变传统的商业模式——企业只有通过颠覆过去的、传统的商业模式，才能在现代的企业竞争中占得有利地位，才能为企业创造更多的财富。

全书共分为三大部分，分别从思维的颠覆、模式的颠覆和工具的颠覆三个方面，对商业模式进行了360度的颠覆性研究。开门见山地指出，企业的思路决定出路，只有通过颠覆企业思维，才能建立起一个成功的商业模式。作为企业家，更应该学会如何为企业自身设计一个好的商业模式，成为企业制定商业规则的人。打造出一个企业拥有决定权的规则圈，为企业获得更多利益而努力。同时，企业要想在社会中得到认可，还应该担负起自身应该承担的社会责任，这样才有利于企业的长远发展。

作者基于多年来对商业模式的研究和分析，拥有了大量的关于企业商业模式的独特见解和经验。秉持着“颠覆”的理念，为每一位想要为企业打造一个优秀的商业模式、获得最大利润的企业家和管理层人员编写了本书。内容包括对商业模式设计的各个环节的系统分析，对大量著名案例进行的分析，使读者更简单、清晰地了解商业模式的重要性，给各位企业家带来启发和收获。

基于多年的研究，在我看来，当今企业家必须尝试颠覆，打破既有模式，才能切实解决制定决策左右摇摆、盈亏边缘举步维艰、前进目标模糊不清、思路面前难寻出路等问题。希望大家跟随我的脚步，找到适合自己企业的最佳商业模式，最终在竞争激烈的市场浪潮中，实现企业利益最大化，打造全新商业模式，傲立于世界之巅。

通过学习本书，愿所有人都可以在商业模式的设计上有崭新的收获。

从现在开始，做制定商业规则的那个人！

Part 1 思维的颠覆：思路决定出路

- 生于忧患：在反思中找到创富新思路
- 认清本质：商业模式真相
- 放宽视线：拿什么迎接下一个 10 年？
- 简单原则：模式并非越复杂越好
- 成功思维：善念永存的慈善商业模式

一、生于忧患：在反思中找到创富新思路

《中国好声音》开启的新盈利模式时代

说起创新，就不得不提到 2012 年火遍中国大江南北、海峡两岸的一档电视节目——中国好声音。

这档节目从播出的第一时间到引起广泛关注，仅仅用了 24 个小时。一夜之间，你发现论坛里、微博上处处弥漫着这档新节目的议论之声。

似乎大部分人的眼睛、耳朵都被这档此前从未出现过的新节目吸引住了（见表 1）。

表 1　　央视索福瑞媒介研究有限公司电视节目分析报告

	荷兰之声	中国好声音	中国达人秀
移动网站	957000 次访问	不到一个月，中国好声音网络信息覆盖量 6410000+260000000= 超过两亿条（百度、谷歌搜索结果）	两个多月，中国达人秀网络信息覆盖量达千万余条（百度、谷歌搜索结果）
社交媒体	40 万粉丝	不到一个月，逾 60 万粉丝（683521）（新浪微博）	微博开设 5 个月，逾 5 万粉丝
数据订阅	3% 的电视观众因希望之声购买订阅（营业额约 €64300 万）	无	网友关注排名位列选秀节目之首

续表

	荷兰之声	中国好声音	中国达人秀
视频观看	1250 万次 ThuisCoach：650000 次下载	3704.7 万次	5867.337 万次（第三季）
市场份额 / 收视率	+6.4% （2011 年）	首期节目收视率超过 1.5%。第二期节目的收视率达到 2.8%，位列同时段节目榜首，当晚重播收视也达到 1.13%，这个收视率超过其他音乐类节目的首播收视。第三期节目以 3.093% 创下收视新高，当晚重播收视率为 1.34%。	中国达人秀开播，收视率位列全国卫视同时段第二，上海本地收视第一。

观察表 1 不难发现，中国好声音在短时间内无疑成了最大的赢家。

根据央视索福瑞媒介研究有限公司的这份数据报告显示，中国好声音的前三期节目播出收视率分别是 1.5%、2.8%、3.093%。而据保守统计，中国好声音 10 场过后的各项广告收益高达 2.5088 亿～ 2.7088 亿元人民币。

众所周知，中国好声音的播出平台是浙江卫视。但让人惊喜和惊讶的是，首期播出就斩获了 1.477 的收视率，位居全国同类节目收视第二位。在节目中，4 位学员导师个性鲜明、各有所长，他们为了抢到心仪的学员相互吐槽、相互“打击”，吸引了大批观众围观。而在学员方面，学员自己的人生经历和感情故事同样让电视机前的观众侧面了解了不一样的自己。

从选手背后的故事，到评委之间相互吐槽，再到选手超强唱功受到质疑或褒奖，中国好声音的每一首曲目似乎都在瞬间成了热议的话题。

而一档电视节目从收视之王演变为商业事件，中国好声音只花了短短两个月时间。随之，“好声音”立刻成了一个流行语，以迅雷不及掩耳之势被用于各种语境中。

毫无疑问，中国好声音的火爆，不仅让灿星制作团队和浙江卫视赚得盆满钵满，更让导师赚足了演出费，获得了好学员；让选手们赚足了人气、获得了持久曝光度；甚至让演艺公司、酒吧、KTV 等产业链都收益颇丰。

然而，所有的这一切都要归功于“中国好声音”在商业模式上的几项创新。

1. 摒弃毒舌、恶俗、拜金，让选手单纯地回归好声音

我曾问过身边的亲朋好友：“你为什么喜欢看中国好声音？”大部分人的回答是：“它展现了音乐的公平性，不以貌取人，歌手有实力，真正地回归了好声音。”

的确，在好声音的舞台上，评判的标准只有一个，那就是“好声音”。这一创新，立刻打败了那些以“毒舌、恶俗、拜金、造假”来吸引眼球的国内选秀节目。在这个物欲横流、充满诱惑的社会里，人们已经很难再被所谓的真情打动，加之中国流行乐坛萎靡不振，迟迟没有好声音出现，而中国好声音给人们带来了淳朴的、源于生活本质的感动。所以，这股力量才能振奋人心。

在我看来，不管你是做节目也好、做生意也罢，当你不停地想要打开一条创新之路时，不如试着回归淳朴，打开一扇正本清源的窗户。

2. 创造性地让制作单位和播出平台分开，即采取制播分离的形式

中国好声音是我国电视史上第一次实现制播分离的节目。

所谓“制播分离”，通常有三种模式：

（1）总的控制权归电视台所有，将一部分权力和工作交给电视台之外的工作人员去做。但包给外工的只是一些纯粹的劳动，核心技术和模式的控制还是在电视台。

（2）由制作单位生产，电视台负责审核、付费并播出。所有的创作理念和制作都由制作单位完成。电视台只是在收到样片后评估其收视率和广告吸附力，再决定是否购买。

（3）由中国好声音开创的新型制播分离模式。由电视台和制作单位共同进行前期投入、承担风险，与此同时利润也是共享的。电视台与制作单位约定某一个参数，高于这个参数，二者共同分成，低于这个参数，制作方赔偿电视台的损失。如此一来，制作单位为了提高节目收视率，就必须制作出更高水平的节目，包括专业的导师和制作人。这一模式虽然成本高昂，但同时也保证了节目的质量。

它带给我们的商业启示是，你要想后期有所得，前期就必须付出更多。并且要尝试打破既有模式，譬如制播分离只有（1）和（2）两个选择，你若能开发出全新的（3）选项，它就会成为你超越对手的创新模式。

平庸的做法或许会令你少冒风险，但也会让你错失良机。

3. 导师参与入股，与学员一起享受分红。学员用力唱，导师卖力教，形成良性循环的共赢商业模式

中国好声音导师团队由庾澄庆、刘欢、那英、杨坤组成，并采取导师入股、享受分红的模式。与以往的选秀节目按场次给出场费完全不同。换言之，它将导师与整个节目的整体市场效应捆绑到了一起。由于导师也是股东，这样一来导师在比赛过程中只会更加努力地培养自己的学员。接着，学员的声音被中国移动用来制作成彩铃，为全国手机用户提供下载。这些所得供导师和学员从中分成，形成了良性循环的共赢商业模式。

从商也是如此，你不能只想着自己私吞一块蛋糕，而是要懂得把蛋糕分出来，让更多的人尝到其中的甜蜜，这样才会有更多的行家愿意与你合作、实现共赢。

4. 多条产业链深度挖掘，付费下载、彩铃、广告一样也不少

通过案例得知，中国好声音自开播以来，其收视率和广告收益就遥遥领先。

其实，中国好声音整个节目的制作买自国外节目 The Voice 的版权，但其团队对于整个音乐产业链的开发则是原版节目忽视的一部分。在国外，当冠军选手诞生的那一刹那就意味着节目的结束。换言之，一季的节目播出后，除了一些节目的衍生品或线上歌曲还在持续销售，至于歌者的签唱会、演唱会等各种商演活动都已与节目划清界限，那是唱片公司的事儿。可以说，国外 The Voice 仅仅在节目制作和播出的过程中盈利。

而中国好声音的制作团队，灿星文化除了会有广告收入的分成、视频网站播出的版权费，还将盈利目光投向了整个音乐产业链。

中国好声音制作公司星空传媒凭借自身的 Channel V、华语音乐榜中榜等优秀平台资源，还负责选手参加节目之后的签约及所有商演环节。

成熟的资源搭配各种类型的商演，包括企业活动、酒吧演唱会、国际国内巡演、付费彩铃、音乐剧，等等。既增大了中国好声音学员在参加比赛后的曝光度，也提升了中国好声音赛场内外持续盈利的商业能力。

可见，在商业竞争如此激烈的今天，唯有颠覆固有思维模式，进行创新与重构，才能在茫茫商海中，坚壁清野、乘风破浪！

最佳模式的 DNA

从专业角度看，“商业模式是企业家为了最大化企业价值而构建的为企业利益相关者提供服务的交易结构”，所以对于一个企业的发展来说，商业模式起着举足轻重的作用。一个好的商业模式，可以给企业带来巨大的利益，而企业要想获取最大的经济利益，就要充分把握住最佳商业模式的 DNA。

那么，对于一个企业来说，最佳模式的 DNA 又是什么呢?

1. 在逆境中崛起更能激发企业的战斗力

考夫曼基金会曾经对《财富》杂志评出来的“世界 500 强”企业的历史进行调查研究，发现入选的 500 家企业中，有 256 家是在经济衰退时期创办的，换言之，就是有大约一半的“500 强”企业是在一个经济不利的逆境中创办和崛起的。

众所周知，1929—1933 年，美国经历了一场影响深远的经济大萧条，导致美国在之后 10 年的经济严重衰退，甚至影响了整个世界的经济发展。在这种大环境下，一般人都认为是不适合创办企业的。但是事实却恰恰相反，在此期间创办的 29 家公司成功挤进了“《财富》500 强”排名榜，数量大大地超出了在一般时期创业的企业进入排名榜的数量。由此可见，在逆境中创办的企业更能被激发出战斗力，具有更强的竞争力（见图 1）。

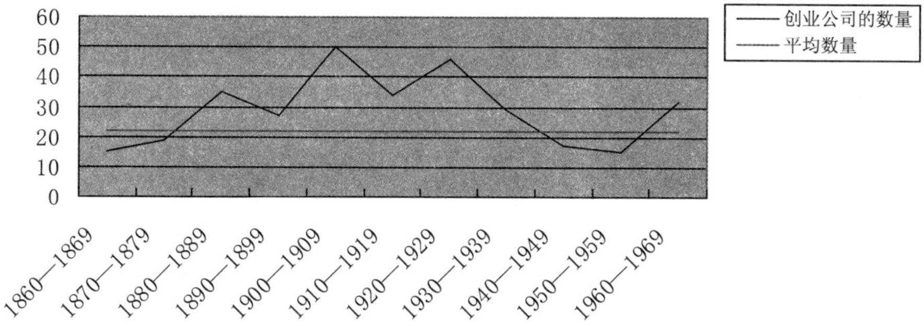

图 1　500 强公司在各个时代的创业公司数量

2. 企业自身的潜在能力

企业的潜在能力，其实和国家的发展潜力是类似的，新创立的企业就如同于美国。美国虽然只有 300 年的历史，但是美国的制度在资本主义国家里是最先进的，并且完全抛弃了封建制度，引进人才大力研发高新科技，新创立的企业也是如此。那么新创立的企业有哪些优势呢？

第一，有着很强的生命力。经济衰退时期许多公司都被迫裁员，而这些被裁人员中的高技术人才和经验丰富的人员会为谋求生路而进入新创立的企业工作。这种情况对于新创立的企业来说，既为企业引进了高技术人员，又缩短了工人对技术操作的熟练和磨合时间，有百利而无一害。

第二，能够确立更好的商业模式。对于传统商业模式的企业来说，新创立的企业可以就当下的形势制定一个最适合的商业模式；而对于旧企业来说，以往的企业历史是十分重要的，旧企业往往会担心失败而不愿意轻易地改变模式，要颠覆原来的模式就等于企业大换血，不是轻易可以做到的。这是新企业的绝对优势。

3. 政府的政策支持

在经济衰退时期，日本政府曾通过增加政府开支来刺激经济，企图复苏日本衰退的经济，但是由于没有对制度采取相应的改革，所以并不能从根本上解决日本的经济危机。相较日本，美国则果断地进行制度改革，从根本出发，稳稳地抓住了企业改革的机会。

2004年成立的京东商城在2010年已经成为中国首家规模过百亿的网络零售企业。2003年的“非典”狂潮让京东公司的门店被迫关闭，库房存货积压，京东公司被迫成立京东商城，走上了网上销售这条道路。作为一个创新的电子商务公司，以信誉担保，所卖的商品都是正品行货，并且可以享受到传统店面一样的售后服务。由于减少了店面上的支出，大大地减少了运营成本，所以京东商城可以以低于实体店20%的价格出售商品，深得大众欢心。至于付款方式也是多种多样，可以货到付款、用移动POS刷卡、用支付宝支付还可以选择分期付款。京东商城的商业模式可以说是符合当下经济环境的最佳商业模式，所以京东商城的成功是必然的。

那么，什么是最佳的商业模式呢？成功的模式又有怎样的特点呢？从事商业模式研究的埃森哲公司经过研究分析认为：一个成功的商业模式有以下三个特征。

1. 成功的商业模式能够提供独特价值

独特价值往往是指产品和服务独特性的组合，这种组合可以向客户提供额外的价值，使得客户能够获得更多的利益。一个有着独特价值的企业，应该知道如何通过促销手段使得消费者了解产品的特色，同时把握住消费者的爱好，从而扩大消费群体，获得最大化利润。

首家提供外卖披萨的达美乐，其成功就在于为消费者提供了独特的价值。随着人们工作的繁忙和交通拥挤越来越严重，许多消费者开始不愿意跑到远的地方去消费，而是宁愿就近随便消费。当达美乐推出了外卖披萨之后，不仅提供外送，并且承诺以最快速度外送，这是消费者选择达美乐的原因。达美乐已经将“外送披萨”打造成了企业的标签，这也是达美乐的独特价值。

2. 成功的商业模式具有难以模仿的特性

企业一直通过确立自身与他人的不同来吸引客户，商业模式就是一个典型。商业模式是一个企业背后的一套完整的、不能轻易被复制的运作流程。一个成功的企业必定有一个完美的商业模式，但并不是仅仅只有一个好的商业模式，还会受到其他因素的影响，所以一个企业并不能完全照搬照套其他企业的商业模式。也正是商业模式难以模仿的这种特殊性，让许多企业的成功不能复制。

随着互联网的普及和完善，中国社交网络也逐渐受到大家的喜爱。据调查，中国网民数量庞大并且以青少年为主，中国的社交网络也十分活跃。这让国外的 facebook 等社交网站也想进入中国市场分一杯羹，但是结果却十分不理想，这是因为中国本土社交网站所具有的难以模仿的特性。这种难以模仿性体现在中国的本土文化和中国社交网站独特的能够满足用户需求的特性上。

3. 成功的商业模式要脚踏实地

由于商业模式的难以复制性，所以商业模式的确定必须符合企业自身的实际情况。只有结合了企业自身实际的商业模式，才算得上是好的商业模式。一个成功的企业必须清楚地知道自己的资金来源、去向，以及自身对于顾客来说的优越性所在，只有这样才能长久地抓住顾客的心从而实现可持续发展。

百度搜索引擎之所以能够成功，成为全球最大的中文搜索引擎，是因为百度对自身的商业模式十分清楚。对于百度这个搜索引擎来说，通过收取商家的费用来对搜索榜进行排序，而所获取的费用也投入到搜索引擎的维护和应用中，不断完善搜索引擎，其品牌效应让百度大受好评。百度搜索引擎很好地发扬了其本土文化的特性，通过简单明了的操作方式让用户喜欢上了百度，也就为百度带来了长远利益。

放眼世界，当今企业的竞争不仅仅停留在产品和资本上，更多的是在于商业模式。好的商业模式可以推动企业的进一步发展，获得更多的利润。目前国内的“最佳商业模式中国峰会”举行了商业模式评选，其影响深刻，为推动中国企业商业模式的发展提供了一个平台。

成立于1993年的亚洲航空，是马来西亚唯一一家廉价航空公司。据统计，亚洲航空的机票价格确实是航空业最低的，那么亚洲航空在售价低廉的前提下，是怎么获取利益的呢？又是通过什么方法控制成本的呢？

在控制成本方面，亚洲航空的售票方式是通过官方网站直接销售，并不再另外设置机票的销售点，这样一来就减少了机票的销售成本，公司只要支付网站的维护费用就可以了。同时，网站销售方式可以减少员工的雇佣，也就省去了办公室的租赁费用。

另外，亚洲航空对飞机进行改造，不进行头等舱和经济舱的划分，这样一来，飞机就可以多设置许多座位，也为亚洲航空公司提供了利益来源。亚洲航空公司甚至不提供一般航空公司提供的食品服务，减去了食物成本的同时也减少了清洁成本，这样企业的运行成本又下降了许多。而对于顾客来说，短短的一两个小时的飞行，即使不提供食品服务也并不是什么过分的事情，况且是这么廉价的机票。

亚洲航空的成功就是依靠其独特的商业模式，控制了企业的成本，同时又保证了企业的利益来源。可以说亚洲航空的商业模式是一个最佳的商业模式。

因此，一个企业只有了解商业模式，拥有最佳的商业模式的DNA，才能够在这个复杂的经济社会中很好地生存下去。

竞技场上，你是狮子还是狼？

一个企业要想生存，除了有最佳商业模式的DNA外，再有一套适用的策略和正确的自身定位是非常重要的。在经济全球化的今天，中国也融入了全球化的潮流，中国对全球化经济影响越来越大。作为最懂中国企业商业管理的杂志《IT经理世界》曾经用三种动物来划分企业：狮子代表跨国公司，豹子代表跨国公司在中国合资的企业，土狼则代表中国本土企业。

那么，在经济的竞技场上，狮子和土狼是怎么竞争的呢？

1. 作为狮子最强劲的对手，土狼依靠其自身可怕的执着和忍耐力不断地成长壮大

对于狮子来说，土狼之所以能够成功，是因为土狼依靠其自身对中国本土市场很好的融合能力，在市场中疯狂穿梭，并且以低廉的价格手段和团体作战的方式将许多价格高昂的跨国公司拒之于国门之外。中国华为公司就是其中的佼佼者。

华为作为中国的本土企业，十分重视对技术的创新和研发。2003 年，华为的 TELLIN 智能网系统获得 2002 年度国家科技进步一等奖，STM — 64MADM 光传输系统和 SBS2500 光同步传输系统获得 2002 年度国家科技进步二等奖，同时 C & C08iNET 和 ViewPoint8000 视讯系统也被列入国家重点新产品项目，华为已经在短时间内连续获得了三项国家级科技奖。

走科技创新道路的华为，不仅成为了中国的知名企业，还成功地迈进了“世界 500 强”。2007 年，华为凭借 1365 件 PCT 国际专利申请数成为世界专利数第四的企业。2008 年，华为的 PCT 国际专利申请数的持续上升让华为成为第一个在专利申请数上位居榜首的国内公司。华为对于专利的看重让华为公司潜力十足，不容小觑。

2. 土狼的不断变强让狮子开始担心起来，为了抑制土狼的猖狂，狮子也竭尽全力

跨国公司最近倾向于采取“反向创新战略”来防止中国的产品在技术

上对外国产品的模仿。杰夫·伊梅尔特则认为作为狮子，跨国公司可以将在发展中国家研发出来的技术引进到国际市场，重视和开拓发展中国家的市场，从而改变过去仅仅通过压榨发展中国家的低廉劳动力来获取利润的方法，这样既可以利用廉价的劳动力资源，又能够把发展中国家作为产品的销售对象，从中获取销售利润。再者，跨国企业仅仅依靠出售技术或者品牌效应就可以得到超额的利润。

苹果公司最近开始将其产品的订单交由富士康工厂代为制作，通过利用中国的廉价劳动力，可以很大程度上降低生产成本。而苹果公司在中国生产组装好产品之后，又在中国市场进行销售。中国的市场具有很大的潜力，能够为苹果公司提供巨大的销售量，同时成本也低，这让苹果公司从中获取的利益得以最大化。

3. 身为土狼的本土企业，也不会放任狮子对企业的控制

当跨国公司利用本地资源和技术获取大量利益时，土狼也在蠢蠢欲动。那么，本土企业正在通过什么方法让自己变强呢？

首先是本土的中小型企业倾向于采取群狼战略。通过快速的市场反应能力，联合起来迅速调整结构，快速抢单从而得到市场，获取利润。

作为中小企业，它们只有采取群狼战略才能够在大环境中生存。它们要用敏锐的观察力和默契的配合度，以及锲而不舍的耐心，依靠团队的力量把中小企业推向顶峰。相较于历史悠久的、具有自己一套生产模式的大型企业，中小企业不容易陷入经验积累的沼泽，它们能够快速地结合起来，抛弃过去不适用的商业模式，实现创新，从而能够很快地调整产业结构，让自己变强。

而对于较大的龙头企业，如中国的华为、海尔等企业，通常采用“雁行模式”。“雁行模式”最早是由经济学家赤松要提出的“雁行产业发展形态论”发展而来的，赤松要认为企业的发展一般来说要经历四个阶段。分别是企业首先发展进口，其次是进口替代，接下来是出口，最后演变成重新进口这四个阶段，而这四个阶段呈现“V”字形，形似大雁飞行的队形而得名“雁行模式”。华为等企业作为头雁，一方面可以通过自身信息与技术的优越性，起到领头的作用，为中小型企业的发展做引导；另一方面也可以通过与中小企业的合作，降低成本，共同占领市场，将狮子的简单加工业务拒于国门之外，从“中国制造” 变为“中国创造”，实现双方共赢。

4. 作为本土企业的土狼，甚至还大胆地将手伸向了国际市场

近年来，中国企业的快速发展各国有目共睹，本土企业的雄心壮志逐渐被激发出来，纷纷走上了国际化的道路。经济全球化让许多本土企业开始跃跃欲试：

2002 年，上海电气集团收购了日本著名印刷机制造商秋山公司（包括其产房、设备、技术和专利在内的所有资产），并对其进行改组，将其更名为秋山国际株式会社，开启了国有资产印刷行业收购的先例，成为我国企业实施“走出去”战略的成功典范，在国际上引起了强烈反响。

2004 年，联想并购 IBM-PC 业务也是中国企业跨国并购的典型例子。在中国市场占有率接近 30% 份额的联想花了 12.5 亿元的现金和股票收购了 IBM-PC 业务，同时该业务的 5 亿美元的净负资产也转到联想名下，而 IBM 也成了联想的第二大股东。

2012年，三一重工联手中信产业基金，共同并购了世界混凝土机械第一品牌——德国普茨迈斯特控股有限公司的全部股权，成为三一重工海外并购的首例。

从上海电气集团收购日本著名印刷机制造商秋山公司到三一重工并购德国“大象”，中国企业对外并购案例越来越多，并且都取得了不错的反响。跨国并购使得企业能够强强联合，为企业的发展开辟了一条新道路，实现了中国企业和外国企业在资源和技术上的共享，从而获得利润的最大化。

要想在世界的竞技场上生存下来，企业必须各显身手取得利润最大化。土狼与狮子的较量，还在激烈进行中，成王败寇，让我们拭目以待！

值得反思的事情：一代创业之心

不管你是狮子还是土狼，在经济全球化和世界经济衰退的今天，对于企业来说，既是创业的最佳机遇，也是挑战。而当下在职场开始接受这个挑战的，是被称为“80后”和“90后”的一代人，他们被称为职场上的新一代创业之心，也被称为改革创业一代。

为什么他们被称为改革创业一代呢？

1. 作为不被束缚的一代，他们已经开始进入社会，开始了职场生涯，面对全球金融危机，就业形势严峻，他们开始走上了创业的道路

他们对于未知的职场并没有显得迷茫，而是用他们独特的思想意识开启了创业的新篇章。他们不愿意以小职员的身份默默无闻地做着重复无趣的工作。他们喜欢挑战与冒险，在工作上更愿意走创业的道路，虽然没有经验，但是他们有无限的热情，而这个时代信息网络化的特殊性也为他们的创业提供了便利。

互联网的快速发展，让他们创业的成本大大减少，他们可以利用网络资源很快地获取自己想要的信息，从而进行比较分析，同时便捷的网络交流也很大程度地扩大了他们的交友圈与认知能力，有利于他们创业的成功。互联网让他们具有更加全球化的视野，能够很快地把握住当下的发展趋势，加上自身的能力，成功显得没有那么困难。

2. 成长于互联网迅速发展时期的“80后”、“90后”，身上烙上了科技的烙印，对他们的创业起着举足轻重的作用

“80后”、“90后”们，对互联网的熟悉让他们拥有十足的自信心，对高新技术的了解和掌控能力，让他们能够充分利用互联网和高新技术研发新产品。他们通过建立广大的朋友圈来互相帮助和获取信息，有很强的团队意识，宣扬通过强强联手来实现创新的目的，这些优点对于创新工作来说是很有利的。

在社会公益方面，他们喜欢在闲余时间去当志愿者，做他们认为有意义的工作。通过当志愿者，既可以让社会的弱势群体得到帮助，又可以培养青少年乐于助人的意识，也有利于他们正确的价值观、人生观的培养。他们善于刨根问底，对于不知道的东西，会优先选择网络查询而不是书本查询，这缩减了他们获取信息的时间，也正是这种习惯让他们对于互联网十分熟悉，资源共享的心理也为现在便捷的信息交流、传播奠定了基础。

也正是“Y一代”的这些与时俱进的新观念，为企业开创了许多新的创新模式和道路，促进了新兴企业的发展和壮大。

3. 爱玩的性格，为他们的创业开启了一条特殊的道路

“80后”、“90后”们，与美国的“Y一代”相对应，他们具有很强的独立意识，也被称为“叛逆的一代”。他们喜欢凡事亲力亲为，喜欢冒险，不愿意被父母的旧思想旧观点束缚。对于刚刚进入职场的这代人，他们拥有无限的活力和激情。他们爱玩的性格，为他们的创业开启了一条特殊的道路。那么他们是如何在玩的过程中发现商机的呢?

全球闻名的社交网facebook诞生于大学校园，“Y一代”将热情与活力应用于软件开发中。Facebook创立于哈佛大学，是哈佛大学的学生马克扎克伯格研发的，最开始只应用于哈佛大学的内部学生，后来逐渐扩散到波士顿地区的其他大学和公司，建立起了学校和公司的社交网络。2007年，facebook已经成为美国照片分享率的第一名，在2010年，成为世界500强，已经超过微软位居首位。

Facebook之所以能够成功并且快速发展起来，是因为它顺应了当下网络时代的发展潮流。身为“Y一代”的创始人马克扎克伯格正是因为其自身对网络的认识，并且认识到了现代人对社交需求的看重，才能够取得巨大的成功，同时也推动了互联网的发展。

当然，中国的“改革创业一代”也不甘落后，一款由“90后”开发的名为“超级课程表”的软件因功能强大而大受好评。该软件以课程表为基础，同时加入了校园社交功能，用户群体大多数为各高校的学生。这款软件给学生提供个人的课程信息，包括上课时间、地点、任课老师等。同时还加入了许多个性化应用，学生可以在应用中讨论课程内容，课件资源共享，甚至可以与同一个课室的同学聊天，促进了同学之间的交流。

现在，“超级课程表”已经支持国内500所高校的信息查询，在给本校学生提供方便的同时，也为外校学生提供了旁听的机会，外校学生可以通过查询自己喜欢的课程然后获取跨校蹭课的便利，加强了高校与高校之间的联系。该软件也随着自身的不断完善被评为最方便、最实用的大学生课程表应用软件。

当然，这些喜欢创业的“80后”、“90后”们，在创业的时候也离不开社会上提供的技术和资金的支持：支持创业板块的天使投资平台就为这些年轻的创业者提供了大量的资金支持，是他们能够不断创业成功的坚强后盾。世界上大部分的天使投资网络已经越来越国际化，在实现信息资源共享，在创新型的小企业与投资者之间架起了一座桥梁。互联网的不断完善推动了天使投资业的快速覆盖，也正在完善企业创新的资金链和技术链，推动着企业的创新和不断发展。

这群成长于网络时代的改革创业一代，无论是“Y一代”，还是中国的“80后”、“90后”，都在通过自己的努力，为推动社会发展作出巨大贡献。对于刚刚进入社会的他们来说，企业模式的创新正在期待着他们大显身手。

二、认清本质：商业模式真相

模式是企业发展的“软实力”

企业发展的关键是商业模式，如果说企业的硬实力是资本，那么模式就是企业发展的“软实力”。当今社会环境下，中小企业是新经济板块里一股强劲的快速增长的力量，它们只有拥有自己的商业模式，才能创造出一个属于它们的新经济发展的天地。商业模式决定企业成败。

商业模式是企业家和风险投资者经常提到的一个词。这个名词的首次提出是在 20 世纪 50 年代，在 90 年代开始广泛流传于企业圈中。它包括了价值定位、消费者市场、客户关系、销售渠道、核心技术能力、价值链、价值配置、成本结构、收入模式和裂变模式。

为什么说商业模式是企业发展的“软实力”呢？

“软实力”是指你能够说服他人顺从你的想法，让你得到你想要的东西的能力。对于一个企业来说，商业模式就是通过各种手段得到企业想要的利益，所以说商业模式就是企业发展的“软实力”。如果企业能够有一个很好的商业模式，就能很好地加强企业与利益相关者之间的交流和沟通，也就能很好地确定企业的目标消费群体，分配好企业的利润，平衡好企业的多方利益，就能促进企业的平稳发展，获得更多的利益。

哈佛大学教授克里斯坦森、约翰逊和 SPA 公司的 CEO 孔翰宁在所著的《商业模式创新白皮书》中指出："任何一个商业模式都是由客户价值、企业的资源和生产销售过程、盈利模式所构成的一个立体模式。而商业模式的设计离不开价值定位。"客户价值是指在一个既定价格上企业向消费者提供服务或者产品时所需要完成的任务。价值定位必须清楚地确定目标客户和客户的问题与解决方案，从而达到最佳效果。企业的资源利用和生产销售过程是指促进企业资源综合利用和盈利模式开发的具体的经营模式。"盈利模式"指企业实现经济价值的过程。所以我们必须认识到商业模式的重要性：

1. 一个企业只有重视商业模式，才能在这个巨大的竞争市场下存活

商业模式是决定一个企业能够长期生存发展的关键，如果企业没有一个好的商业模式，就会让企业的内部结构产生混乱，让企业的业务系统出现问题，企业的发展就会陷入危机，那么企业就不能在这个市场竞争十分严峻的环境下生存和发展。

成立于 2006 年的返利网，其企业定位是作为电子商务中的一个环节存在的，一方面满足用户的网购需求，另一方面，根据单个用户购买产品的数量，可以合计出所有消费者在购物网站中实际购买的数量，从而向合作的网站索取费用。返利网花了 7 年时间发展成为一个家喻户晓的网站，其最大的优点是有利于加强商家和用户之间的联系。返利网的商业模式就是：用户通过返利网的客户端进入淘宝、京东商城等网站进行购物的同时可以获得积分，当积分累积到一定时可以折现。其折现的费用是从该购物网站所支付的广告费中提取，返利网则赚取其中的差价。

其实返利网是效仿美国的pactec软件，该软件作为第三方软件，既为企业提供了大量的订单，同时又能够帮助顾客省钱，所以深得人心。返利网的创始人葛永昌，最初只投入了10万元，返利网的网站便开始运转起来，几个月之后就开始盈利。目前，返利网已经有300多万的注册用户，并且仍然以每个月30万的用户增加量持续上升中，每个月为消费者带来至少500万元的返利，同时也为购物网站带来了超过3亿元的销售额，返利网的商业模式可谓是成功地实现了企业、消费者和返利网本身三方共赢。其商业模式值得同业人员的参考和学习。

2. 企业除了重视商业模式外，还要学会灵活运作模式，拥有自身的特点

企业重视商业模式，有利于企业的长远发展，但是商业模式并不是千篇一律的，企业的商业模式必须结合自身的实际情况，灵活地运作，打造一个拥有企业自身特点和特色的商业模式，这才能让企业在市场中获得更多的关注和认可，让企业获得更大的市场占有率，为企业赚取更多利益。

凡客诚品公司成立于2007年，是一个通过互联网直接销售服装的电子商务企业，一开始只是卖标准版男装，如今不仅卖男装，更是强势进入了女装领域。在营运的第一年，凡客诚品就通过网上销售达到了3亿元的销售额，备受关注。发展到今天，凡客诚品每天的营业额已经超过200万元，惊人的成就是一般的电子商务企业不能比拟的，它的成功源自于凡客诚品良好的商业模式、优秀的运作团队。

在电子商务遍地开花的今天，为什么凡客诚品能够在电子商务领域取得如此优异的成绩呢？

（1）凡客诚品将客户体验放在重要地位。顾客至上从来都是一个企业发展的关键。凡客诚品的创始人陈年一直坚持认为“客户体验”是造就凡客诚品的唯一理由，他认为在企业和消费者之间建立一种信任关系是企业发展最重要的一件事情。所以自凡客诚品创立以来，他就坚持凡客诚品的营销策略实行“开箱试穿”、“30天内无理由退货”等政策，全方位的客户体验让凡客诚品积累了大量的忠实顾客，同时也赢得了很好的口碑。

（2）凡客诚品对服饰的定位也不同于其他电子商务的服饰企业。相对于淘宝杂乱的销售方式和定位，凡客诚品公司则对服装的消费群体进行了重新定义，将男士服装作为切入点进入服饰市场，抓住男性不喜欢逛百货商城的特性，通过互联网目录和图片，让男性可以达到足不出户就能够购买衣服的目的。尤其对于男装来说并没有过多的款式要求，加上男士的挑剔程度远低于女士，对价格的敏感度也较低，所以只要颜色和尺码对，产品就很容易得到男士的认可。

（3）改变了服装消费的传统模式。凡客诚品宣扬“快速消费”，他们不断地灌输“衬衣、T恤衫是快速消费品，最好一次买上很多件，每天换一件”的思想，怂恿人们一次购买多件衣服。同时宣称衬衣和T恤衫也应该与时俱进、跟上潮流，每个季度都应该换上新的服饰。通过“快速消费”的服装定位，虽然凡客诚品的服饰售价较低，但是巨大的销售量仍然让凡客诚品的收入可观，取得了薄利多销的成功。

商业模式决定一个企业的发展，不论是2007年崛起的凡客诚品还是2006年创办的返利网，都向我们证明了一个好的商业模式对于企业可持续发展的重要性。

那么对于企业来说，应该怎样构建一个好的企业“软实力”呢？

1. 建立一个平衡多方利益的机制

作为一个企业，要从自身寻找问题，通过建立一个平衡各个利益相关者的机制，让各个利益相关者可以达到一个满意的程度，满足企业利益相关者的隐性需求。通过这种方式，可以缓解利益相关者之间的利益冲突，充分调动利益相关者的积极性，为企业创造更大利益。

2. 要关注国际利益相关者的隐性需求

随着中国改革开放的不断深入，中国企业不再仅仅是中国的企业了，更是世界的企业。企业的一举一动也将受到世界的关注，而企业的生存也离不开国际市场。所以说，企业关注国际利益相关者的隐性需求，有利于企业扩大市场需求，增强企业的国际影响力和品牌影响力。

同时，关注国际利益相关者，在满足其需求的同时，也会促进企业不断的进步和对科学技术的要求，促进企业核心竞争力的形成，让企业能够用更大更强的市场竞争力，为企业的长远发展奠定基础。

3. 积极参与到利益相关者的交流中去

企业作为平衡利益相关者之间关系的一个中间人，必须积极地参与到利益相关者之间的交流中去，通过这些交流，让企业能够在第一时间知道利益相关者的需求，不断完善企业制度，这有利于企业长远发展。

商业模式是一个企业的指南和前进方向，可以决定一个企业5年，甚至10年的发展历程，所以我们要重视商业模式，坚信商业模式决定企业成败，将商业模式放在企业发展和规划的重要位置。

商业模式中的利益与责任冲突

企业创立的目的是为了获取最大利益，但是在获取利益的同时，还有可能会与企业的社会责任发生冲突，那么，如何处理好企业利益与责任的冲突就需要企业家去好好地权衡。

企业承担责任，是在企业整个发展过程中必不可少的一个环节。关于企业利益与责任的问题一直是人们谈论的热点。在2003年，《经济观察报》和北京大学管理案例研究中心共同主办的第二届“中国最受尊敬企业”评选中，凤凰卫视作为唯一入选的媒体企业，得到了各界人士的认可而获奖。

对于利益与责任的冲突问题，凤凰卫视有限公司总裁兼首席执行官刘长乐认为：作为商人来说追求的是利润最大化，但是在企业不断追求利益的同时，还要时刻记住“责任”的重要性。一个企业家的责任大到可以影响社会的发展，对于凤凰卫视来说，企业和工作人员的鞠躬尽瘁不是单纯为了企业利益，更多是因为他们身为媒体的责任和使命感。凤凰卫视坚持的“责任至上”让大众对它赞誉有加，但是有的企业却被利益蒙蔽了双眼。

三鹿奶粉事件就是一个典型例子，三鹿集团为了追求利益的最大化，无视企业的社会道德和责任，不顾消费者安全，为了达到质检局的检测标准，不惜在奶粉中添加三聚氰胺，将消费者置于食品安全危机中，最终不被消费者信任，落到破产的下场。在利益的驱使下，三鹿奶粉走上了一条不归路，这也给广大企业敲响了警钟：当利益和道德冲突时，不能抛弃道德而一味追求利益。一个企业如果可以始终把道德放在第一位，那么其口碑可以让企业获得更加长远的可持续利益。

对于企业的利益和责任之间的冲突关系，西方学者也有自身的见解。

1. 股东价值论

自由经济论宣扬企业所追求的本质是竞争与利润。曾获得诺贝尔经济学奖的弗里德曼认为：“企业有且只有一个社会责任，那就是在法律或者伦理习俗的社会基本规则下实现利润最大化。”也就是说，如果企业忽略了最基本的企业股东，那么企业也就不存在了。这个观点是将企业的利润和对股东负责当作企业的首要任务，认为企业的本质就是获取利润，所以对于企业来说，股东的利益最大化是最重要的，即当企业利益和责任冲突的时候，应当把企业利润放在第一位。

中国大多数企业的价值观定位也是将企业股东利益最大化放在首位，这种方向性的错误让企业为了追求利益而不择手段，在这种观念指导下的企业，将会因为牺牲社会道德和企业责任而被消费者遗弃，最终走向没落。

中国经常出现的煤矿坍塌事件是一个典型案例。为了追求利益，煤矿开发商不顾开采工人的安全，在没有进行相关的安全检测或者只有简单的检测之后就匆忙进行开采，同时又不能为开采工人提供达标的安全措施设备。煤矿开发商为了追求利益，获得股东利益最大化，将煤矿开采者的安全弃之不顾。而一旦出现了安全问题，也是一推再推，不能很好地面对和解决问题。这样的企业，在法律越来越完善的今天，最终还是不能推卸其应该负的责任的。

2. 利益相关者论

这个理论认为，企业的生存目标就是协调好管理者、消费者、供应商和政府等各个利益相关者之间的关系。企业不仅仅单纯地为了企业的股东利益而存在，更应该肩负起社会的责任。联合利华的CEO保罗·波尔曼曾公开说他是为了消费者和客户而工作的，不会被股东价值所束缚；凡客诚品的创始人陈华也同意这种观点，他将客户放在第一位，为客户提供全方位的产品体验；马云也说过，让企业赚钱的是消费者，股东给的钱只是一种投资，终究是要还回去的，而只有消费者给的钱才是让企业成长的关键，才是企业的利润来源。就像电影《蜘蛛侠》中说过的："能力越大，责任越大。"

在"5·12"地震中，王老吉捐出1亿元的善款用于汶川重建。为此王老吉集团的声名大振，家喻户晓，以至于很长一段时间人们都呼吁凉茶只喝王老吉。王老吉的社会责任感让大家都很佩服，大力支持国内慈善事业让王老吉名利双收。在这件事上，他们既做到了利益的最大化，又没有忽视社会责任，所以该企业的社会公众影响力日趋扩大。

当然，企业承担社会责任的前提是以自身利益为基础的，因为企业只有维护了自身的利益，进行正常的经营活动，才能够有余力去承担社会责任。企业并不是一个社会服务机构，不能够解决所有的社会问题。社会上的很多问题，还是要依靠政府的力量去解决，但是企业至少能够分担一些社会责任。

3. 可持续论

可持续发展，不仅仅在自然环境中应该被重视，在企业管理中也应该被重视起来。比如说，劳动法中将工人的工作时间限定在 8 小时之内，其实就是对企业员工这一资源的可持续的利用。如果企业不坚持这个可持续论，大大延长企业员工的工作时间，虽然在短时间内可以获取很多利润，但是依靠压榨劳动力这个做法是不可持续的。因为久而久之，员工就会因为工作时间的强度过大而离职，这会让企业的熟练员工和技术人员流失，不利于企业的长期可持续发展。

前几年富士康的“17 连跳”就是员工对企业不可持续做法的抗议，巨大的工作压力让工人喘不过气来，不得已才选择了跳楼这条不归路。而相比中国的很多劳动力密集型企业，印度的企业在这一方面就做得好很多。印度的企业十分注重企业自身的长期发展，合理地安排员工的工作时间，通过给员工提供升职机会来激励员工在企业中不断努力进取，无论是对企业还是员工来说，都是具有积极意义的。

总的来说，不论是股东价值论、利益相关者论还是可持续论，都有其自身的可取之处，而将其应用到中国的企业中，应该结合中国的国情和企业自身的实际，正确地面对企业的利润和责任的问题。

2010 年，阿里巴巴公司为了维护用户的利益，坚持其诚信原则，将公司内部人员涉及欺诈消费者行为的和纵容商家欺诈消费者的将近 2300 位工作人员辞退。同时，公司的 CEO 卫哲和 COO 李旭辉也在这次事件中选择引咎辞职。阿里巴巴公司在这件事情上就是对社会责任的承担。自 2009 年以来，阿里巴巴一直陷入平台商家对消费者有欺诈嫌疑的疑问中，由于某些工作人员一味追求业绩，对一些欺诈行为采取忽视或者纵容的态度，对消费者十分不负责任。

阿里巴巴在这件事情上，十分果断地处理了部分不顾社会责任只顾个人利益的工作人员，也算是给消费者和社会一个交代。我们相信，敢于面对自己的过失，勇于承担社会责任的阿里巴巴，可以走得更远，获得更多人的认可。

在现在这个经济高速发展的社会，企业在追求经济发展的同时，要更加注重社会道德和责任的培养。也许在企业的初期，企业的利益和社会责任暂时是有冲突的，但是在长期看来，它们二者是一致的。对于企业来说，企业的目的是赢得顾客从而获取利益，顾客越多，企业得到的利益就越多。而社会责任可以让企业拥有更高的社会地位从而得到更多的客源。企业的社会责任不是脱离企业存在的，作为责任本身来说是应该参与到企业的生产过程中的。

如果一个企业在承担起自身的社会责任的前提下，再加上一个好的商业模式，那么就能让企业的发展更上一层楼。这时候企业不仅可以得到利润的最大化，同时也能够得到很好的社会评价，提高企业的社会形象，这对于企业来说是一个无形资产，能够更加扩大企业的利润。

总而言之，企业在追求利益的同时，兼顾社会责任，是企业的责任和利润完美结合的最佳商业模式。

三、放宽视线：拿什么迎接下一个10年？

商业模式是企业发展的“软实力”

当我们认识到了商业模式的本质之后，就要在实施最佳商业模式的基础上放宽视线，开拓市场，到更宽广的天地中去。

作为“全球最有影响力的商业思想家”的普拉哈拉德，曾经在他所著的《金字塔底层的财富》一书中提到：企业要想持续发展，就要到更宽广的天地中去。跨国企业应该转移目标，到贫穷的发展中国家去发展。因为一方面，跨国公司可以通过开拓发展中国家的劳动力市场，充分利用发展中国家的剩余价值，为发展中国家带来大量的工作岗位和利润，同时也可以促进发展中国家的经济发展。另一方面，发达国家通过利用发展中国家的资源和廉价劳动力，可以降低生产成本，又可以将产品卖给发展中国家，开拓了销售市场。而他在《竞争大未来》（1994年出版）一书中所强调的“核心竞争力”也随着时间的推移转而在他的新书《普拉哈拉德企业成功定律》（2008年出版）中开始提倡“共同创造”。

企业要想有长期的持续发展，就要通过建立一个好的商业模式走到更宽广的地方去。

那么，企业到更宽广的天地应该要注意什么呢？

1. 把握核心竞争力

“核心竞争力”是指：在企业内部环节经过加工整合的知识文化和技术实施能力，特别是协调各种生产技能与整合不同技术之间的知识文化和技能，表现为与其他企业不同的能力。一个企业要想在市场竞争中有优势，就要不断创新和提升企业的核心竞争力。

在这个产品更新换代如此快速的时代，掌握核心竞争力显得尤为重要。

格力作为一家著名的家电企业，有着很高的市场占有率，它的成功是离不开其核心竞争力的。格力为了促进企业的技术创新，每年都花费将近5000万元的资金在产品的研发上面。迄今为止，格力已经拥有68项专利，率先推出了各种创新电风扇和空调。

这种持续的技术创新和核心竞争力稳固了格力的市场占有率，树立了一个很好的品牌形象，也提高了格力的市场竞争力。格力凭借“掌握核心科技”赢取市场，在竞争激烈的市场中，连续多年都保持了一个稳步健康的发展，成长为中国空调行业唯一的“世界名牌”。

只有把握住了核心竞争力，到更宽广的地方去，企业才能更好地发展。

2.“共同创造”强调合作

在过去，企业并不太注意消费者的信息反馈，只是在自顾自地不断自我创新与完善。但是，这也许并不符合消费者对产品的新需求。在如今这个信息全球化的世界，人们之间的交流显得更加重要。企业通过与消费者的交流，可以设计出更加个性化的产品，让消费者通过信息反馈参与到产品的设计和完善中去，这就是企业与消费者之间的合作，也就是“共同创造”。消费者不仅仅是购买到产品，更是购买到一种个性化的服务。消费者对产品的个性化需求，其实质就是在与企业进行交流，实现“共同创造”。

将“共同创造”演绎得淋漓尽致的莫过于腾讯公司了。腾讯作为互联网运营企业，在短短几年内迅速地占领了互联网的通信市场。腾讯公司最擅长的并不是通讯软件或者游戏的研发，而是通过模仿并且加入十足的个性化设计去完善软件。比如它的aqua最开始是模仿ICQ和MSN而研发出来的聊天工具，而腾讯旗下的游戏也能够在其他大型游戏网站找到原型。

那么腾讯为什么能够这么成功呢？腾讯能够长立不倒难道只是运气好和模仿吗？显然不是这么简单。

其实腾讯公司研发新软件是一个很特别的过程，在有一个初期的软件创新研发想法时，他们通常会首先做一个粗略的软件，然后推出软件，并通过消费者对该软件的反馈信息而不断地完善。我们可以看到，与一般的软件相比，腾讯的软件更加具有个性化，并且聚集了大众的想法，更加贴近民众和生活。也就是说，腾讯的软件并不仅仅是公司的内部人员研发的，而是研发人员与消费者一同努力的成果，所以腾讯的软件才会与时俱进，和用户密切交流，实现“共同创造”。

3. 注重开拓市场

企业的市场并不是指金字塔顶部的高端市场，而应该是面向整个地球上的60亿消费者，其中除了高端市场之外，还包括小型消费者市场。企业要想成功，既要关注金字塔顶部的高端市场，也不能错过底层的小型消费者市场。而且相对来说，小型消费者市场比高端市场要大得多。要想得到长期的消费者，就必须知道消费者要的是什么。

互联网搜索引擎巨头百度，目前被公认为是全球规模最大的中文搜索引擎和最大的中文网站。百度通过提供一个平台汇总来自世界各地的资源信息，为大众提供得以查询的资料，坚持将“让人们最平等、便捷地获取信息，找到所求”作为自己的责任。

百度除了提供搜索平台之外，也开创了“贴吧”这个网络交流社区，建立百度文库等，全面覆盖了中文网络世界所有的搜索需求。百度旗下的许多板块都是由大家的资源共享组成的，只要你需要搜索信息，就用得上百度。除了文字信息资料查询之外，百度还提供了视频、音频等资源供大家使用，你想得到的，基本在百度上都可以找到相应的应用板块。

百度一直知道用户要的是什么，这么多年来不断涉及各个板块，开拓市场，让人们越来越离不开百度，这样也更能为百度长期留下顾客。

企业的核心竞争力、“共同创造”和不断开拓市场，让格力、腾讯和百度站在了今天的高度，同样也可以让更多的企业成就辉煌。

为什么要思考下一个 10 年？

在 21 世纪全球化的今天，企业发展面临着巨大的挑战，同时这也是机遇。在过去 20 年中，中国企业十分活跃，尤其在 2001 年中国加入世界贸易组织之后，伴随着一系列的政策改革，许多企业都抓住机会创造出了辉煌的成就。三一重工收购德国大象、吉利收购沃尔沃；腾讯、新浪走在互联网的前端；淘宝、苏宁开启了新的消费模式。这些企业之所以如此成功，离不开企业发展的前瞻性，这就是我们要思考下一个 10 年如何发展的原因。

同时，世界环境也要求企业管理者更好地思考未来 10 年的发展。当下世界经济问题日趋严重，欧洲仍被次贷危机缠身，美国多次实行量化宽松政策，日元也跟随美元大幅贬值，黄金价格“大跳水”，中国对外贸易陷入危机。在这种严峻的情况下，在接下来的 10 年里中国企业要如何自保及进一步发展成了最突出的问题。

既然说未来 10 年企业将要进入新的阶段，那么在过去的时间里，中国企业究竟经历过哪些阶段？

经济学家彭罗斯在《企业成长理论》一书中，对企业规模与成长和产业结构之间的关系问题进行了开创性的研究。他认为在企业的某个成长阶段中，企业家的能力和所积累的经验十分适合当下的市场环境从而使企业得到发展；但是在下一个发展阶段，这些能力和所积累下来的经验却可能因为与市场环境不适应而成为限制企业发展壮大的因素。

一般来说，我们把企业的发展分为三个阶段。

1. 企业的创始阶段

我国企业发展的第一阶段，就是改革开放之后的 20 多年，企业通过不断的摸索站稳脚跟，从而得到了最初的原始资本积累和经验积累。这个阶段是企业最困难的阶段，要对企业正确定位，不断地作出适应企业发展的计划，为企业以后的发展打好基础。

这个时期创办的企业往往因为原始资本的积累，加上国家的大力支持，许多企业都已经发展成了行业的龙头企业。包括北京的首钢集团、北汽集团，山西的太原钢铁厂，上海的宝钢集团、上海电气集团，等等，这一批企业都是在那个时期把握住了企业创始阶段应该做的事情，为企业的后续发展奠定了基础，形成了很好的原始资本积累和经验积累。

2. 企业的快速发展阶段，企业通过过去的经验积累从而快速发展

过去的10年，中国加大对外开放程度，加入世界贸易组织，积极参与国际贸易经济活动。中国的企业家凭借其自身的能力和经验，与高速发展的市场环境相适应，从而取得巨大的发展。

在这10年里，像腾讯、吉利、三一重工、阿里巴巴、华为这样的企业已经开始走出中国，走向世界。我们必须承认，这些企业在过去所积累的经验是成就他们今天地位的关键，在这个企业快速发展的阶段，同时也是企业最具有活力的阶段，可以为企业获得高额利润。

3. 企业发展的瓶颈时期

但企业发展并非一帆风顺，许多曾经辉煌的企业面临危机：诺基亚市场占有率严重下降、柯达破产、通用汽车被迫国有化。中国企业也同样面临着危机。这便是企业发展到了第三阶段的瓶颈时期。

在这个时期内，企业的发展受各种因素制约，包括企业家、管理者的能力水平和世界经济发展的总趋势。也就是说，企业家积累的经验作为一种资源在某个时段会成为企业发展的瓶颈。面对这样的瓶颈，企业只有通过颠覆过去的商业模式，寻求新的方法加以突破，才能迎接未来10年的挑战，在下一个10年生存。

作为高科技的代表，苹果公司的产品一直受到大众的推崇。而随着乔布斯的去世，苹果公司也开始加快了新产品的推出步伐，iphone4s和

iphone5推出的时间相距甚近，但是在实际的科技创新上却没有很大的突破，这就让我们不得不怀疑苹果公司是否遇到了企业发展创新的瓶颈。也有人认为苹果并没有失去创新能力，只是没有给消费者带来足够的惊喜而已。但是作为苹果来说，必须通过满足消费者需求来维持自身的市场地位，不断进行创新，突破当下的瓶颈，才能有一番更大的作为。

一个企业改变过时的商业模式，可以体现在打造自己专属的核心竞争力上。核心竞争力是企业成功的关键性因素，它能为客户带来持续价值并延伸到更广阔的领域。在未来10年，企业要大力发展高新技术，拥有属于自身的核心技术。现在中国经济的发展和海外市场的开拓，让企业有更多的机会在国外发展。如何抓住这个机会，利用未来10年成就中国企业，是企业家目前要考虑的问题。

所以，对于企业来说，每10年都需要为自身做一个战略定位。

2012年，中国已经有79家企业入榜《财富》世界500强，中国企业的进步令人刮目相看。而未来10年，中国要想继续保持经济又好又快地发展，就要立足于当下，把握未来。现在，许多中国企业发展仍然是依靠廉价的劳动力来获取利润而不是通过技术创新，如富士康就是通过简单的产品加工来获利。随着国际经济环境的变化和科学技术的创新，这种劳动密集型生产模式将逐渐被淘汰。

例如，在未来的10年，如果富士康还是依靠出卖劳动力来维持企业运行而不是新的技术，富士康的没落是可以预见的。富士康必须持续提升研发设计和工程技术服务能力，从而适应大环境的需求。

对下一个10年的思考，决定着企业在接下来的10年要以怎样的市场定位去发展。如果不思考企业下一个阶段应该如何发展，只是一味地去按照原来的商业模式运行，企业便会走进发展的瓶颈。

由此可见，企业要想适应国际经济环境，就要放眼未来，必须跟上国际经济发展节奏，颠覆过去的经验教条主义，抛弃过时的商业模式，制订出与企业自身发展相适应的未来10年计划，创建正确的企业商业模式，把握未来。

创新，无穷尽也

当我们了解了未来10年计划的重要性之后，要怎样迎接下一个10年就成了当务之急，而创新就是我们需要做的。创新是无穷尽的，目光有多远，创新就有多远。

企业要在激烈的市场竞争中占得优势，必须在思想观念、产品服务、科研与设计、人才引进与培育、管理与营销以及企业文化思维等方面，不断创新，不断突破。乔布斯有一句名言："领袖和跟风者的区别就在于创新。创新无极限！只要敢想，没有什么不可能，立即跳出思维的框框吧。不要拖延，立刻开始创新！"

中国的复杂环境对于企业来说是挑战也是机遇，要想把握这个机遇，就要进行创新。企业走创新的道路，分如下几个层面。

1. 企业的产品和技术的创新

全球化的发展让市场上的产品更新换代十分迅速，要想在激烈的市场竞争中屹立不倒，就要不断地推出适应市场的创新产品，而在创新中要想成功，关键就是需要积极地响应客户的需求。当企业对产品有一个创新的想法之后，要先进行市场调查，给产品一个准确的市场和消费群体的定位，确定产品的特点是什么，又有哪些竞争对手，等等。

做好这些之后，最重要的就是技术的创新了。科学技术是第一生产力，产品的创新只有在技术创新的支持下才能实现，所以与时俱进的技术创新对于产品的研发是十分重要的。

海尔企业有今天的成就，离不开企业对技术创新的重视。海尔当年对于冰箱的创新费了很大的力气。传统的冰箱是冷冻室在上面，冷藏室在下面的模式。但是海尔通过市场调查发现这种设计十分不合理，人们每天因为要用蔬果等原因要打开冷藏室的门 12 次，但是冷冻室却平均一天一次而已。大家不断地弯腰开冷藏室的门，让人觉得很累，所以海尔决定推出新的冰箱，将冷藏室和冷冻室换个位置，人们就不用每天弯腰打开冰箱门了。这个新的设计大受市场欢迎，如今市场上全部都变成这个模式的冰箱了。

在竞争如此激烈的经济环境中，企业要想得到持续的发展，就要不断地为企业注入新的活力，加大创新力度，使企业领先于同行企业。

2. 企业管理模式的创新

只有产品的创新还不够，还需要管理上的创新，只有这样才能算是企业真正实现创新。企业研发创新的技术并不是最重要的，管理模式才是最重要的。作为企业的管理者，必须知道把利润最大化当作管理的唯一主题是不对的。

随着知识经济时代的来临，越来越多的企业认识到，不能仅仅依靠良好的生产效率和较高的质量去维护企业的市场竞争优势了，管理创新越来越成为企业发展的动力。在当今动荡的经济环境和激烈的市场竞争下，需要对企业的管理模式进行全方位的创新，从而满足顾客全方位的需求，这不仅要求企业管理技术上的不断创新，而且还要以此为中心进行全面、系统、持续的创新。

创新管理模式要注意企业的可持续发展。管理模式是管理内容、管理方法、管理手段和形式的有机统一。企业的管理创新强调资源共享和工作人员之间的合作，大大提高资源的有效利用率。要实行可持续的管理模式，就要注重管理的科学化，提高企业职工的素质，同时建立一个全面的绩效考核方式，不断地创新管理模式。

联想集团是一家营业额将近300亿美元的个人科技产品有限公司，客户已经遍布全球。联想的成功离不开企业实行的“大船结构”创新管理模式。

这个模式的主要特点是“集中指挥和分工合作”。在这个管理模式下，企业内部实行指令性工作方式，统一思想和号令，同时实行制度管理，使企业有强大的动力机制，还建立起了一套约束机制，以保证企业高速正常运转。正是在这种新的管理模式激励下，联想才能有今天的成就，这个模式为联想取得了巨额利润。

3. 最重要的是思维的创新

企业除了产品的创新和管理模式的创新，还有思维的创新。企业最重要的创新就是人们思维模式的创新，企业管理思维模式的创新就是企业为了取得最大利益，打破传统思想束缚，树立全新的管理思路。思维创新直接地表现为一种创新性思维活动，企业思维的创新，是企业管理创新的灵魂。企业只有拥有创新思维，才能让企业在当今时代得到可持续发展，从而满足企业的进步需求和对利润的获取。

创新思维需要企业用超常视角和方法去思考问题，提出最适合的解决问题的方案，从而获取创造性思维的成果。

最新调查显示，许多大企业正在改变思维方式，将正确的技术用在正确的产品上，并于正确的时机推入市场。企业新的思维方式让企业常常并不急于作出决策，先改变现有制度，发挥自己的优势。然后，在价格与技术上同时提升竞争能力，发挥现有规则的潜能。同时企业还可以通过“外包”方式将业务承包出去。

外包是企业为维持企业的核心竞争能力，且因企业内部人力不足，将组织的非核心业务委托给外部的专业公司，以降低营运成本，集中人力资源，提高顾客满意度。外包和代工行业是一个新兴的行业，富士康就是其中的佼佼者。

富士康科技集团是专业从事电脑、通信、消费电子等6C产业外包的高新科技企业。这种外包服务，是富士康企业运行的一种创新思维，通过接收订单为企业生产、制造和组合产品，从而获取利润，这对富士康企业和外包公司来说是双赢的。近年来苹果公司就将其旗下的产品包括iphone和ipad的生产制造出来的零件交由富士康进行组装，从而弥补苹果公司在组装方面的不足，同时又为富士康提供了大量的订单，富士康可以从中获得利益。

不仅仅是苹果，索尼、诺基亚、摩托罗拉等手机甚至包括联想和戴尔电脑也由富士康代工，这种新兴的行业就是企业创新思维的成果。

企业只有在产品、管理模式和思维上不断地进行创新，才能让企业在市场上立于不败之地。时代在不断进步，企业也要跟上时代的步伐，不能自满于企业自身当下的发展。企业自主创新能力的大小代表了企业核心竞争力的大小，企业要始终坚信：创新无穷尽，市场无穷尽。

麦当劳公司的经营方式也具有创新性，麦当劳在总部和分店的关系处理上表现得十分好。麦当劳对于加盟店所收取的加盟费和年金都不太高，从而减轻了加盟店的资金负担，加速了加盟店的资金流转。同时还在提供原料的时候给加盟商许多优惠，让加盟商能够有更大的利润空间，让加盟商与总公司的关系十分融洽，这样一来还能为麦当劳公司带来长远的利润。作为加盟商，可以对总公司提出建议，从而促进麦当劳的共同发展。

在广告推广方面，由于各个加盟商个体难以承担巨额的广告费用，于是麦当劳成立了“联合广告基金会”，将各个加盟商联合起来，共同为广告的推广贡献力量。这种方式使麦当劳的各个利益相关者都赚取了利益。

对于企业来说，创新就是一个企业能够不断适应消费者和市场需求的必不可少的条件。企业只有通过不断创新，才能提升企业自身的技术水平和市场竞争力，创新可以为企业不断注入新鲜的血液，让企业保持活力。企业的创新是无穷尽的，这种无穷尽的创新是企业持续发展的动力。

四、简单原则：模式并非越复杂越好

简单的学问

随着经济的发展，市场上也开始流行各种“简单”的主张。花旗银行提供“简单”信用卡，生产打印机的利盟公司提倡“化繁为简”。越来越多关于“简单”的呼声，开始变成一种势不可挡的趋势。

科技的发展促使企业对同样的产品不断地推出“改进的新版本”，而“改进”通常意味着“增加更多功能”，但是现在却开始出现了“简化”的趋势。越来越复杂和多功能的产品让人们开始疲于应付，生活开始“丰富”到让我们不舒服的时候，也许我们应该给生活做一道减法，把复杂的事情简单化，让人们重新喜欢上简约的生活。

所以在不久的将来，“简单”势必成为一种新兴产业。而“简单法则”也适用于企业发展，简单模式往往更能够取得成功。

简单的模式比复杂的盈利模式容易成功的原因有：

1. 复杂的模式会让企业的环节变多，只要其中一个环节出错，就会失败

简单的商业模式，由于精简过后的环节变少了，所以比起复杂的模式更不容易因为出错而失败。

减少环节可以节约成本，从管理学方面来说，减少分工层次有利于效率的提高，减少中间流通环节，将不必要的流通成本转化为消费者享受到的实际优惠，也推动了企业的进一步发展。所以简单模式具有其自身的优越性。

2. 模式越复杂，越不受消费者欢迎

消费者的操作会因模式的复杂而变得复杂，容易让消费者产生厌恶情绪，久而久之就容易造成消费者人群的流失。而对于简单模式来说，简单的操作便于用户的学习和适应，同时也能扩大消费者人群。这就是简单模式的精髓。

对于企业和消费者来说，产品的售后服务都是十分重要的，但不可否认的是企业为消费者提供的售后服务仍然需要不断地改进，特别是在售后服务的繁杂模式方面。许多企业的售后服务效率低下，过程也十分复杂，收费还十分高昂，这些复杂的售后服务模式就将消费者拒之门外，消费者在这种复杂的售后模式下就会投奔企业竞争对手，这不利于企业的发展。

3. 简单的模式可以让企业更容易在市场上抓住机会

过于复杂的模式，就像美国复杂的民主制度，虽然顾及了大部分人的民主想法，但是整个程序所耗费的时间和财力过于巨大。这种模式一旦应用到企业上，企业就会变得保守，没有冒险精神，也就陷入了衰退的危机。如果企业改用简单的模式，一旦有创新思维就马上抓紧时间进行研发创新，而不是将时间浪费在讨论上面，这样企业就能领先市场推出新产品，从而得到更多利益。

“简单法则”在企业商业模式的管理上有着很好的体现，管理层越多，工作效率就越低下，管理层越少，越有利于企业上下的信息交流和沟通。全球最大的零售企业之一沃尔玛，就坚持贯彻这种“简单法则”。

沃尔玛公司一直坚持以精简的企业机构和工作人员去保证企业的良好运营，不断提高工作人员的工作能力和解决问题的能力，放弃一切与消费者服务无关的多余员工。沃尔玛的员工直接面对面地为消费者解决问题，这种简单明了的责任制为消费者节约了信息反馈和解决问题的时间，也为沃尔玛公司减少了运行的机构，将企业的运营成本降到最低。“简单法则”让沃尔玛深受消费者的好评，从而成就了今天的沃尔玛。

将“简单法则”运用到企业模式上之后，企业发展将会上一个新层次。“简单法则”包括很多，下面就是其中的一些法则：

（1）时间法则。第一种是减少时间。企业为消费者减少时间，就是说，企业通过提供好的产品，减少消费者对产品的揣摩和使用时间，这样会让消费者对易于上手的产品有一个更好的评价，这有利于企业对市场的把握。

零售企业家乐福为了方便客户，采取“家乐福快速排队收银方式”之后，通过引导消费者在结算区进行一个S型排队，将需要结账的消费者集中起来，收银台也采取多列纵向分布，充分地利用了收银台的空间，也减少了顾客的排队付款时间。这种新的排队方式为企业赢得了很好的口碑，也有利于企业的长远发展。

第二种是增加时间。企业在为消费者服务和在消费者使用产品的过程中，确实需要一些等待的时间，如网页打开需要时间，手机打电话需要连接的时间……而作为企业，对于这些意外增加的时间，需要告之消费者：

一切都在正常运行。当然，企业有很多办法可以让消费者忽视等待的时间，比如网页上的一些有趣广告之类。

超市的布局十分有意思，一般来说，超市的入口和出口通常不在一个方向，这样一来，消费者在选购好自己需要的产品之后，在去收银台时就会消耗一段时间，而这段时间有可能会让消费者看中一些计划之外的商品进而购买。如果入口和出口在一个方向，那么在消费者选购好之后，去收银台的路和进来的路是一样的，就不能为消费者提供新的商品刺激。超市的这种出口入口方向不一致的布局，就增加了消费者在商场的滞留时间，增加了消费者接触产品的机会，有利于商品销售额的提高。

第三种是隐藏时间。企业通过各种方法让消费者感觉不到时间的流逝，这样可以让消费者对产品的忠诚时间更长一点。要达到这个目的，就需要企业生产的产品能够让消费者专注于当下的事情。这个隐藏时间的法则更多地主张通过将消费者注意力从时间上转移开来达到隐藏时间的效果。

比如网络游戏，网游通过设计一些故事情节和紧凑的过关任务，让玩家没有多余的精力去发现时间的流逝，一心都在游戏上。通过这种方法去吸引玩家，提升玩家对游戏的喜欢程度来获取利益。

（2）感情法则。感情法则并不适用于所有消费者，也就意味着企业并不是对所有消费者都需要考虑感情法则这个问题。在全球化的时代，数字信息变得十分重要，而为冰冷的数字信息赋予感情是企业在生产产品时必须要考虑的问题。所以企业产品的设计在有些时候应该考虑到如何将产品赋予人的感情因素。所以情感法则，简单地说就是让消费者真心地爱上这个产品，然后从内心去享受使用这个产品的过程。

我们经常使用的手机，涉及的不仅仅是手机的市场，还会顺带影响手机软件应用、手机保护膜和手机保护套等配件的市场。如果一个产品拥有很强的拓展性，消费者可以对其不断地附加新的东西。这种对产品的个性化搭配可以让消费者对产品产生更多的兴趣，大大地提高消费者对产品的忠诚度。

（3）信任法则。信任是你可以向别人暴露你的弱点。判断一个人是否信任他人或者被他人信任的因素有：信息、影响和控制。如果一个人愿意向另一个人透露他原本没必要透露的信息，就表示他信任这个人。

增强信任的方法有很多，比如通过人与人之间在信任行为上的训练，可以让彼此之间建立起对对方的信心，而行为训练包括自我控制和互相影响等。

对产品的依赖是一种态度，可以上升到对整个社会的信任，就像我们购买大品牌一样，除了对高端的向往，还有对这些企业巨头的信任。与此同时，这些企业也依赖着消费者的信任而生存。

（4）学习法则。在信息全球化的时代，产品的设计和研发十分重要，企业只有不断地学习才能够创造出适应社会需要的产品。企业产品研发的过程也是企业学习的过程，企业通过发现目标，分析案例，从而研发出新的产品，这是一个不断改进和优化的过程。

对于产品开发者来说，只有不断地学习，跟上时代发展的脚步，加上对消费者喜好的研究，才能够生产出最佳产品，从而给消费者带来惊喜。

华为一直坚持走学习的路线，作为通信行业世界排名第三的企业，华为仍然大力发展科技创新，不断地研发新的技术，获得了许多专利。因为华为清楚地知道，在这个信息化的时代，只要稍加放松就会让竞争对手有机可乘，只有不断提升自己的技术水平，才能维持自己在国际上和市场上的有利地位，才能为企业获得更多利润。

（5）试错法则。李开复曾经说过："颠覆式的创新是可遇不可求的"，企业的发展和创新要通过"试错"，在不断的试验和改造中获得成功。一个产品如果在推出之前经过了长期的改造和完善，那么很可能在其完善的阶段就已经被竞争对手抢先一步推出市场，从而错过了最好的机会。所以一个新产品在有一个初步的定位和定型之后就可以推向市场，通过市场反应和信息反馈来不断修正，这样既能够集合大家的智慧，让消费者满意，又能够节约时间。

腾讯就将这个"试错法则"做到了极致。腾讯经常推出一些刚刚成型的软件让消费者免费使用，通过消费者的信息反馈而不断修正软件，从而在短时间内完善软件，这样就开发出了让消费者接受和满意的软件。

前人留下的商规

俗话说：不听老人言，吃亏在眼前。前人的经验对于后辈来说是十分重要的。所以每一个成功的企业，背后都有一个成功的创始人。而创始人留下来的商业规则，是企业最重要的财富。

创始人从白手起家，到功成身退，他们存在的意义不仅仅在于创办和成就了一个成功的公司，而更在于他们在企业运行上所积累的经验和教训，这些经验和教训可以通过企业去不断改变这个社会，从而推动文明的进步。这些经验都是值得我们学习和借鉴的。

1. 将创新想法付之于实践

一个企业的成功离不开创新，而企业最重要的创新就是思维的创新。企业只有拥有创新思维，才能让企业可持续发展，得到消费者的认可，从而在市场上打败其他竞争者，拥有自己的一席之地。

但是，企业仅仅依靠思考是不够的，没有行动的想法只能是想法，只有把想法变为实践才算是真正地完成了一个产品的创新。

与西方公司相比，中国企业在通信领域起步较晚，当华为进入通信领域时，西方国家的企业已经在这个领域里积累了大量的经验。华为作为这个行业的后来者，不断地坚持技术上的创新，通过学习和研发新技术从而不断推出创新产品，让华为在中国通信市场甚至国际市场上开始占有越来越重要的地位。在学习和继承业界领先技术的同时，华为通过运用最小的研发成本，在短时间内推出了在通信市场领先的产品，既满足了客户的需求，又取得了很好的市场反响，获取了高额的利润和重要的地位。

2. “顾客至上”是商场不败的绝对要求

中国有句古话叫做：予先取之，必先予之。企业追求利润最大化是正常的，但是如果企业将利润最大化作为企业经营的宗旨，不惜一切代价只为获取利益，企业就容易做出损害消费者利益的事情。企业一旦损害了消费者，就不利于培养消费者的忠诚度，在这个供大于求的市场环境下，就很有可能被市场淘汰。因此，只有树立顾客至上的观念，为顾客谋福利，才能维持自身在市场的地位。

“顾客至上”其实是从企业主宰市场发展到消费者掌控市场的必然结

果，当处于企业主宰的卖方市场，即商品供不应求的时候，企业更关注的是产量和效率，因为产量和效率越高，就意味着企业的利润越大。而在消费者掌控的卖方市场，即供过于求时，企业转而更关注顾客，因为在这个时候需求量越大企业的利润才越大。而在经济全球化的市场下，企业竞争越来越激烈，企业只有真心实意为消费者着想，才能够留住顾客。所以，顾客就是上帝。

网上零售的领先者亚马逊很好地贯彻了这一思想。只要消费者在亚马逊有过一次消费记录，亚马逊网站就会自动为你记录下你的通信地址和相关的联系方式，当消费者第二次在亚马逊购买商品时，网站会为消费者自动填充相关信息，这一个小小的举动让顾客得到了很大的方便。另外，亚马逊也支持各种支付方式，消费者可以通过支付宝支付，也可以通过网银支付，甚至消费者还可以选择货到付款。贴心的支付方式方便了各个群体的消费者。

现代企业的命运掌握在消费者手中，对于企业而言，为顾客提供优质满意的服务极其重要，因此企业必须树立“顾客至上”的服务理念。

3. 善于发现人才，留住人才

企业的生存离不开竞争。竞争的最表层是产品的竞争，企业要在激烈的市场竞争中保持优势，不仅要对原有产品进行技术创新，还要开发新的产品，而这些的关键是技术。在市场竞争中，不论是科技的创新还是新产品的研发，都是要依靠人将先进的科学技术成果转化为生产力运用到产品中。

根据研究调查表明，工人的技术水平每提高一个等级，劳动生产率至少提高 10%。所以企业要想成功，就要用各种方式引进人才，留住人才，从而提高技术生产力。当企业拥有了这些有用的科学技术人才之后，才能在激烈的市场竞争中获得胜利。

因此，现代企业的竞争不仅仅是产品之间的竞争，更是人才的竞争。谁能拥有人才谁就能抢得发展的先机，从而在发展中抢先一步，在市场中脱颖而出，立于不败之地。

4. 管理层要善于思考

企业的发展，离不开管理者的决策。管理层要成功，必须学会思考，思考企业自身的定位是什么，思考消费群体是哪些，思考市场需求……创新不是盲目创新，是在充分思考后的创新，要相信自身的分析、判断和直觉。

社会中从来不缺乏企业，但是，凡是能够做大做强的企业，背后都有一个成功的企业家。

带领 IBM 成为国际巨头的小沃森，一直坚持其父亲托马斯·约翰·沃森所设立的“思考”法则，对 IBM 甚至可以说对整个社会都作出了巨大贡献。

小沃森将 IBM 业务从打孔机转型为电子计算机。小沃森通过对大量技术人员的启用，由原来的 500 名技术人员增加到后来的 4000 多名技术人员，并且在企业发展停滞时期，果断地放弃了打孔机技术，而采用了一种速度很快但是并不太了解的磁记录，与多个厂家一同研发。最终在 1952 年研制出第一台储存程序计算机 IBM701，也就是所谓的电脑。

紧接着，小沃森改组了 IBM 的组织结构，让企业发展更加专业化。小沃森启用了多位执行副总裁，明确了各自的分工，让企业管理专业化。并且让 IBM 首先发明按模块化思路重新构架的计算机主机，小沃森发明的板块化的内部平台开发战略，让开发的各个流程得以同时进行，为产品的制造节约了大量时间，甚至直接对计算机产业垂直分布的模式奠定了基础。

不断在思考的小沃森，带领IBM走上了成功的道路，告诉世人，企业的发展，离不开管理者的英明决策。

对于企业来说，商业规则并不会随着时代和环境的变迁而改变。企业的营销战略或许一直在变，这些创始人留下来的商规却是企业发展永远的财富和不变的制胜定律。

陷入复杂的思想怪圈："自大"、"自恋"、"自负"

当然，身为创业者，除了有前人留下的商规做指引，但是也很容易因为自身身为管理阶层而引发 "自大"、"自恋"、"自负"等问题，陷入复杂的思维怪圈。那么，企业家的这些思想是如何影响企业发展甚至导致企业走向没落的呢？企业又该如何避免和应对这些问题呢？

柯林斯曾在《强者怎样失败？为什么又有些公司从不屈服？》一书中认为，企业自己陷入沼泽区先后经历五个阶段：成功培养出自大，无原则地追求更多，拒绝风险和危险，开始拯救，向死亡屈服。通过对这五个阶段的了解，企业家可以减少企业从高峰跌落到低谷的概率。

曾获得国际领导协会年度杰出人士奖的INSEAD商学院的教授曼弗雷德·开茨·德弗里斯被《金融时报》列为全球顶尖的50位管理思想家之一，他认为"自大"和"自恋"既可以成就企业家，也可以毁掉一个企业家。

在一个企业家创业的初期，自大和自恋会让企业家有无限的激情和动力，让企业家可以不断地进取最终取得成功。但是如果处于企业发展的高峰期，则容易被成功所蒙蔽，而周围的人也逐渐阿谀奉承，那么一旦一叶障目，听不见其他意见，那自大和自恋就会让企业走上衰败。同时学术研究也发现，许多企业的并购失败在于企业家的过于自大。而克服自恋、自负、自大的情结，有利于企业的科学运营和人才培养。

那么，企业的发展需要什么呢？

1.“自大”、“自恋”、“自负”也许会让企业走向没落

“自大”的企业家通常会让企业忘记自己最初的使命，“自大”的性格甚至会让一个好的企业走上犯罪的道路：安然企业为了获取利润最大化，不惜通过做假账来逃避税收，正是这样，让安然企业走向了破产的道路。

“自负”思想是束缚企业自身，让企业脱离群众走向失败的一个重要原因。尤其是作为一个企业家，一旦功成名就就容易目空一切，出现一系列与“自负”有关的毛病，听不进其他人的意见。那些“自负”的企业家有着独特的自信，他们认为全世界没有他们不知道的事情。这种心理让企业家接纳不了其他的意见，这样会让企业家错过许多员工有价值的提议；企业家过于轻易地否定企业员工的存在价值，把自己的观点强加给企业员工。所以说企业家的过分“自负”会让企业走向失败。“自负”会让企业家活在自己的世界里，使企业的决策失误。

“自恋”思想则是企业家对于自己过分自信、过分自满的一种心理表现。这种表现对企业的生产和销售方式以及企业态度有很大的影响。《韦伯斯特辞典》把其定为第六种贪得无厌的情感。

2012年，可口可乐公司内部员工爆料称：“9批次12万箱可口可乐含消毒水余氯”，对于这一说法，可口可乐公司的相关负责人对外否认了。山西质监局也连夜公布质检结果，证明可口可乐是无污染的，可是在这个食品安全问题接二连三出现的时代，又有多少消费者会选择相信质监局的说法呢？另外，这次检验出来的结果表明，醒目、芬达的许多检测指标都是超标的，但是这种超标现象是从何时开始的我们无从考证。为什么质监局在此之前的检测都没有检测出来问题呢？是不是质监局也要负一定的责任呢？

对于这个事件的发生，企业的态度也让人寒心：一旦出了事故，企业首先是不断掩盖事实。当掩盖不了的时候，企业就不断地发出模棱两可的声明，监管部门的检测标准也让人看不懂。这些质检标准和应对方法总是要事发后才能够引起相关部门的重视，但是，事件发生后的重视到底还来不来得及？这种重视到底是真的还是只是做戏？这种重视又能够持续多久？

可口可乐公司在含氯事件中，态度十分自大，从一开始的否认含氯，掩盖真相，到承认企业的失误，向消费者致歉，不断重复地为自身辩解，可口可乐公司的态度让人觉得该企业没把消费者当回事，对于出现的问题采取拖延、懈怠、推卸责任的态度，企图通过企业的不作为去度过这一劫，这就是企业的“自恋”。

很多大企业表现出来的“自大”，归根结底也是中国当下的社会整体环境造成的，由于国内检测的标准偏低，环境过于宽松让企业有了很大的空子可钻，最后为了获取利润的最大化而不择手段。作为一个品牌企业应该有社会责任感，企业在提高自身公关能力的同时，更重要的是要增强自身的社会责任感，成为社会责任标杆，带领企业、行业和社会前进才是企业发展的最终追求。

2. 作为企业家，需要一定程度的“自恋”和“自大”，但是切记不可“自负”

“自大”、“自恋”、“自负”的思想也许会让企业走向没落，但是将企业的失败完全归结于企业家的“自大”、“自负”和“自恋”是不正确的。企业的失败原因有很多：经济处于衰退时期让企业发展艰难，行业运行的风险和信息的不对称让企业陷入危机，等等。

其实，企业家适度的自大也可以让企业走向更加辉煌的道路。适度的自大，其实也可以说是自信的表现。

三一重工并购德国机械制造巨头普茨迈斯特是典型的“蛇吞大象”，虽然争议不断，但是三一重工的这个并购行为，是企业绝对自信的表现，也就是适度的“自大”。如果企业没有足够的勇气，那么企业就容易陷入发展的瓶颈，中国企业也就不能真正地“走出去”。

作为苹果公司的联合创办人和前行政总裁乔布斯，他伴随了苹果的起起落落和复兴，也正是他的“自大”，让苹果公司发展成为国际巨头企业。企业家的“自大”，在某种程度上来说，也是企业家对企业和产品的偏执，正是这种执着让企业走向成功。

综上所述，企业如果没有“自大”，就无法凭借其独特的自信心走向成功，但是企业又不能够只有“自大”，过度的“自大”容易让企业目中无人，忽视消费者的重要性。所以，企业只有用正确的方法去面对“自大”、“自恋”、“自负”的思想，将这些负能量的思维转变为对企业的激励，从而带领企业走向成功。

五、成功思维：善念永存的慈善商业模式

经得起考验，担得起责任才是最优模式

上文中的安然事件和可口可乐的“含氟门”让我们认识到，一个企业只有一个好的商业模式是不够的，经得起时间的考验，担当起社会责任的最优模式才能让企业进步。

企业社会责任是指企业在创造利润、对股东承担法律责任的同时，还要承担对员工、消费者、社区和环境的责任。企业的社会责任要求企业必须超越把利润作为唯一目标的传统理念，强调要在生产过程中对人的价值的关注，强调对消费者、对环境、对社会的贡献。所以建立起一个善念永存的商业模式显得尤其重要。

许多人认为慈善和道德是企业对外的捐助和支持，其实并非如此，一个企业在做慈善的时候，能够扩大企业的知名度，从而奠定企业的市场地位，获得更多的利益。企业社会责任是这种商业模式的一部分。

1. 可以缓解社会就业压力

企业履行社会责任可以缓解社会劳动力的就业压力，企业通过科学分析和分配劳动力资源，增加企业就业岗位，为社会群体提供更多的就业机会。企业在提供就业岗位的同时，吸收了劳动力资源，还可以激励

他们创造更多的价值，通过这种商业模式可以树立良好的企业形象，扩大企业的知名度，从而实现企业长远的经营目标。从这个方面来说，企业履行社会责任，利人利己，既有利于自身的可持续发展，又有利于缓解就业压力。

作为一个生产制造商，富士康为社会提供了大量的就业岗位。富士康对社会剩余劳动力的吸收能力可以为当地解决就业问题，同时对于富士康自身来说也有利于企业的发展和壮大，保证企业的正常生产，又可以带动当地的经济发展，实现企业、劳动力和当地经济的三方共赢局面。富士康为社会提供就业岗位，体现了对社会责任的承担，同时又为企业扩大了知名度，提高了工作效率，获取了利益。

2. 可以维护社会稳定，缓解贫富差距

在中国经济区域性发展不平衡的现状下，经济实力较强的企业通过集中优势对贫困地区进行开发和援助，既可通过利用贫困地区的廉价劳动力和丰富的资源，减少企业产品的生产成本，扩大企业的市场和消费者群体，同时又为贫困地区提供了资金支持和就业岗位，充分利用了劳动力的剩余价值，促进了当地的经济发展，有利于全国经济平衡发展。

中国为促进落后地区的经济发展，实行了“西部大开发”战略。东部经济发达地区通过产业转移，将企业的生产转移到西部地区，通过利用西部的丰富资源和廉价劳动力，既为东部企业减少了成本，扩大了利润空间，又让西部地区能够获得许多产业转移，从而促进了西部经济的发展，有利于西部大开发战略的实行。当西部经济得到发展之后，有利于缩小我国的人均收入差距，有利于维护社会稳定。

3. 有利于实现社会可持续发展

企业通过运用高新技术可以大大减少生产活动各个环节对环境可能造成的污染，能够达到减少能耗，节约各种资源，降低企业生产成本的目的，从而使产品价格和产品技术本身更具竞争力。企业还可通过发展公益事业，建设环境保护的基础设施，缓解严重的环境污染。企业也可以通过发展慈善事业帮助中国的贫困落后地区。企业可以在教育、社会保障和医疗卫生事业等各个方面为贫困地区提供援助和支持。对于企业来说，发展慈善事业既可以帮助当地人民的经济发展，又可以为企业树立良好的形象，从而更能够得到消费者的认可，形成品牌效应，这样可以提高企业竞争力和产品的市场占有率。

那么，企业怎样才能达到负起社会责任的标准呢？

1. 用诚信的态度对待市场

近年来，诚信缺失已经成为很大的社会问题，已经大大地影响了社会主义市场经济的正常发展。企业的不守信用造成假冒伪劣产品在市场上泛滥，消费者也因为这些假冒伪劣产品而造成间接损失甚至达到了 2500 亿元～2700 亿元。而相比市场充斥的假冒伪劣产品的低价格，那些通过购买版权和专利进行生产的企业因为高成本明显处于劣势地位。这让很多企业难以在市场生存下去。 所以为了维护市场的正常秩序，保障消费者的权益，企业必须抵制假冒伪劣产品，给消费者一个交代。

2. 坚持科学发展观

企业的目标是获取最大利益。企业在生产活动中，会带来很大的经济效益，同时也肩负着保证国家税收的任务和促进国家经济和综合实力发展的使命。企业必须担负起维护经济发展的责任，尤其是经济的可持续发展，所以科学发展观就显得尤其重要。

资源的有限性和人们需求的无限性要求我们必须用长远的眼光看待问题，坚持科学发展观。在资源紧缺的今天，企业的发展必须与节能减排相适应。作为企业家，要站在全局立场上坚持可持续发展，高度关注节约资源，调整产业结构。随着我国经济的发展，环境日益恶化，资源的过度开采，对人们的生产生活造成了很大的影响，所以企业必须担当起保护环境的责任。

其实企业承担社会责任对企业自身的发展也具有重大的意义。

加多宝集团迄今为止已经做了17年的公益性社会活动了，以扶贫救灾的方式多次为震后受灾地区捐助了巨额善款，用于灾区的重建，包括2008年汶川大地震、2010年玉树地震和舟曲泥石流以及2013年雅安地震等，其中还包括一些等级稍小一点的地震受灾地区；以扶贫助学的方式为许多贫困地区的孩子捐款，资助了8000多名学子助其完成读书梦；甚至还设立了许多基金会，为资助贫困生和灾后重建作出了巨大贡献。

加多宝凭借其“以善促善，人人公益”的理念，通过公益活动来实践企业的社会责任，通过企业的小善，从而影响、带领社会上人人都做善事，为社会慈善事业作出贡献。而通过这些慈善事业，也让大众看到了加多宝的努力和爱心，扩大了加多宝的知名度和品牌效应，有利于加多宝扩大市场，加多宝通过慈善事业所建立的群众基础也让加多宝的发展有着更大的潜力。

通过加多宝的例子，我们可以看到企业做慈善事业，不仅有利于实践企业的社会责任，而且对于企业自身来说也有着很重要的意义。

1. 可以为企业赢得良好的社会信誉

企业通过为消费者提供优质的服务和产品，主动承担社会责任，赢得消费者对企业的信赖，有利于树立企业的良好形象。企业形象是指人们通过企业的各种标志（如产品特点、行销策略、人员风格等）而建立起来的对企业的总体印象，是企业文化建设的核心。好的社会形象是企业生存和发展的关键，可以让企业拥有更大的知名度和更好的品牌效应，有利于企业市场的维持和扩大。

2. 有利于增强企业的竞争力

在经济全球化的时代，企业之间的竞争不仅仅是生产力和产品的竞争，更是企业形象的竞争。企业肩负起社会责任有利于树立企业的良好形象，从而提高企业的竞争力。企业竞争是人才的竞争，有社会责任的企业更能够吸引高素质人才，从而提高企业工作人员的素质，提高企业的劳动生产率和企业的整体竞争力。

成就自己和他人的新商业模式

商业模式分为广义的商业模式和狭义的商业模式。广义的商业模式是一种新经济运行体系，它是包括新经济发展方式、新企业制度、新分配方式和新运营模式的综合体，是一个完整的经济系统。

新商业模式的核心特征是消费者和企业共同分享利润。企业通过引进各种先进的现代管理和经营手段，提高企业的经营效率，使企业利润不断扩大。新商业模式下，企业发挥核心作用，为各合作单位提供卓有成效的服务，给合作者带来经济效益，同时也给本企业带来巨大的利润。

商业模式是企业家为了最大化企业价值构建的为企业利益相关者提供服务的交易结构。商业模式包括以下几个因素。

1. 用最少的付出，获取最大的收益

企业追求的是价值的最大化，而系统化就是用较少的付出获得高收益的最佳途径。标准化、科技化和人性化的系统可以方便企业的人员分配和工作完成，对于企业的利润最大化有着很大的效用。

24小时便利店的发明，就是充分地运用了“用最少的付出，获取最大的利益”这个观点。对于便利店来说，将原来的营业时间延长为24小时之后，增加的成本只有工作人员的成本和便利店的基础设施的运作费用，但是提高了便利店的销售量，并且为大众提供了便利，也赢得了口碑。

2. 合理地处理好企业利益相关者的关系

在企业运行中的每个环节都有企业利益的相关者。在企业运行的同时，需要交流彼此的信息与想法，分配好工作，更要分担企业责任。企业只有照顾好各个利益相关者，才能让企业可持续发展。

利益相关者能够影响企业的发展，他们的意见在决策时必须作为考虑的因素。但是，利益相关者在很多问题上因为自身的利益而不能保持一致意见，所以如何平衡各方利益是企业在决策时的关键问题。

在2001年美国经济受到重创的时候，许多企业都通过裁员的方式降低企业运行成本，但是这样一来，大量人员失业就会造成社会不安定，也为社会带来许多不好的影响。在这个大环境下，思科公司就很好地处理了各个利益相关者之间的问题。思科公司将一部分工作人员集合起来派送到公益机构去工作，同时给这些员工支付一定比例的工资，当公司起死回生之后，再将这部分员工接回公司继续工作。

思科公司的这一做法得到了社会的好评，对于思科公司来说，派送出去的人员并不是全额支付工资，所以在一定程度上减少了企业的成本和运行开支，另一方面，由于员工之后还是回到思科公司工作，这样公司并不会因为进行裁员而造成人才流失，更不会让技术人员投靠竞争对手的企业从而对自己造成威胁。对于社会影响来说，思科公司既做了慈善事业，又为社会提供了劳动岗位，减少了失业人员的数量，在社会上得到了很好的反响。

在这件事情上，思科公司因为很好地处理了各个利益相关者之间的关系，顾及了各方利益，得到了社会的认可，同时又树立了一个很好的企业形象，扩大了企业的影响力，实现了各方多赢局面。

3. 提供良好的产品服务

一个成功的企业，离不开企业对其产品所提供的服务，安卓系统之所以能够战胜塞班系统，有很大一部分原因是因为安卓系统所提供的各种软件下载和升级。一个好的商业模式，就要知道如何为消费者提供服务，而良好的售后服务更是企业制胜的法宝。

苹果公司的产品价格之所以贵，是因为苹果公司可以为消费者提供一个良好的产品服务。随着信息技术的不断完善和高新技术的发展，昔日的手机巨头诺基亚和摩托罗拉已经开始呈现一个快速衰退的趋势，而苹果手机则在快速占领市场。那么是什么引起了这个变化呢？就是产品的服务。苹果公司除了销售手机，还在销售手机背后的服务平台。苹果公司通过对手机软件的研发，不断推出各种手机软件，也就是在不断地完善手机的扩展性能，为消费者提供了一个个性化的产品服务，让消费者可以享受一个全面的产品服务，苹果的拓展性服务让产品大受好评。

4. 注重企业价值

企业价值是该企业预期自由现金流量以其加权平均资本成本为贴现率折现的现值，它与企业的财务决策密切相关，体现了企业资金的时间价值、风险以及持续发展能力。企业的目的是获取利益，作为企业家不能只看到企业在当下创造的利益，而应该将目光放远，看到企业的价值。企业的前期是投资阶段，中期是发展阶段，后期才是获取利益的阶段，只有注重价值的投资，才能为企业创造更多的价值。

关注企业价值才能持续获利，也就是我们通常所说的“授之以渔”而不是“授之以鱼”。有的企业会花高价去购买一些高新技术产品，但是也有一些企业会将资金投入到科技研发上面。对于这两种企业来说，能够长远获利的当然是后者。因为注重投资的企业更加有发展潜力，并且能够将潜力和技术转化为企业的价值。

5. 完善交易结构

交易结构是买卖双方以合同条款的形式所确定、协调与实现交易双方最终利益关系的一系列安排。对于企业来说，决定商业模式价值的是企业的交易结构。一个好的商业模式，就是用最小的交易成本获取最大的交易价值。

以上五个因素，结合起来就成就了一个好的商业模式，而要想创造出商业模式的最大价值，就要按照这五个因素不断地更新商业模式。

现在已经演化出了最新的商业模式。

最新商业模式，即BNC模式（裂变模式），除了拥有和B2C、C2C、O2O等模式相同的优势，还有另外一大优势：能够快速免费地推广企业产品，消费者和商家通过以个人名字为域名的平台，能够得到最快的商业信息和资源。

BNC模式是由商家、消费者共同组成的一个独立消费平台，具有快速裂变的性质，防止同行企业模仿的特点，让电子商务进入一个快速发展阶段，成为电子商务和互联网的一大进步。

新商业模式下构建的电子商务平台，是新商业模式运作的重要载体和工具。它在产品交易、提供服务和结算等方面提供便利。对于消费者来说，新商业模式企业取代原本分散的小型供应商，成为一个具有庞大规模的集合供应商，包含了众多商品，同时还可以对商品进行分类，客户通过互联网搜索需要的产品。此外，可以根据厂商和消费者的需求，为知名厂商设立专柜，方便消费者迅速地找到自己需要的产品。

相较于传统模式，BNC新商业模式优势明显：

第一，通过个人姓名注册和身份认证的独立网站，加大了网购的诚信度，信任可以让企业拥有更多的消费者，同时也有利于网站的经营和推广。

第二，BNC 商城自己推行、管理自己注册的商城，减少了企业对管理服务费用的支出，降低了企业的运行成本，也就等同于为企业扩大了利润空间。

第三，对于国家税收来说，实名制的网站注册和交易保证了国家税收的完整性，有利于保证国家财政收入。

创新商业模式是经济发展的需要，最新商业模式是其创新的高端代表，起着改变产业竞争格局的作用，也逐渐被应用到政府部门和非政府组织。企业商业模式的创新，要通过分析企业的市场和消费者群体定位，认识到企业自身的优点和缺点，从商业模式创新的各个环节着手，不断进行创新。

新商业模式体现了全新的商业理念和企业发展方式，坚持新商业模式才可以更好地成就自己、成就他人。

Part2 模式的颠覆：做制定商业规划的人

- 想打造什么样的运营平台：关乎自己
- 想怎么玩游戏：关乎规则
- 想打造什么样的商业王国：关乎模式

六、想打造什么样的运营平台：关乎自己

态度会告诉你做什么

经营一个企业有三个关键的因素，同时也是企业家要具备的能力，其中之一就是态度。态度决定成败。

态度会告诉企业家如何做，做怎样的人，做怎样的事。一般来说，在企业的发展初期，企业家都能够有一个很好的态度去面对工作人员、社会和消费者。但是企业在发展壮大之后，却渐渐地忽视了这些。面对新的时代，就要用新的方法和新的态度去应对。态度决定成败，良好的态度是成功创业的必要条件。

那么对于企业来说，要有怎样的心态呢？

1. 放下过去，一切归零

有的人一直活在过去，喜欢拿昨天和今天相比较，沉浸在过去之中不能自拔。企业也是如此：经验的积累对于企业的发展来说是一笔财富，可以让企业避免走上弯路而造成损失，但是我们不能陷入经验教条主义，只相信经验而不与时代的现状相结合会让企业的发展停滞不前。

归零心态就是指要放下自己的身份。企业家在经营企业的时候，不仅仅要带领企业前进，更要企业家自身积极参与到企业的运营中去。一个企

业如果能够在发展自身的情况下，帮助更多的中小企业成长，做到诚信待人，推己及人，那么将会获得同业的尊重和社会的认可，那才是真正的成功。马云就是一个成功的企业家，除了生意上的成功之外，还十分谦虚。不管工作多么繁忙，都会出现在公司的培训场合，认真地听讲，以身作则，以积极的态度生活和经营企业。

2. 善于学习和创新的心态

一个学习的心态对于企业来说十分重要，机会是属于善于学习的企业的。成功代表过去，能力代表现在，学习决定未来。竞争激烈的今天，要时刻站在时代的前沿，企业只有不断地学习和创新，才能适应时代的发展。成功的企业是不断学习和创新的企业，是知识型企业。知识可以为企业提供有效的决策支持，为企业赢得竞争优势。

企业的学习能力主要由三个非常重要的环节构成。第一是提炼，第二是传承，第三是创新。

学习能力的基础是提炼能力。就是能够将过去的经验总结起来，指导未来企业的发展，这就是“提炼”。但是现在许多企业还没有形成系统的提炼能力。将社会上的经验提炼、积累起来，是企业发展的需要。而很多好的经验因为没有被提炼出来而逐渐被遗忘了。一个好的经验能否及时地被企业捕获，并迅速地转变成组织能力，是决定企业发展的关键。

传承与提炼不同。传承是如果我们拥有一个好的方法，让企业中更多的人知道这个方法的方式就是传承。传承是一个很难的过程，特别是当信息交流的圈子过大之后，人与人的信息交流就显得更加困难。一个好的信息和方法如何让更多的人能够准确地掌握，绝对不是一个简单的问题。

人员的流动和新人的不断增加，让信息传承变得更加的艰巨。

对于企业来说，没有创新就没有生命力，这是每个企业都必须遵守的规律。但是真正的创新是建立在“提炼”、“传承”基础上的发展。企业创新不是一蹴而就的事情，而是一个持续不断的进步过程。

海尔的首席执行官张瑞敏说：企业最重要的竞争力是企业的学习能力。所以海尔不断地学习和创新，拥有自己的核心技术，让海尔走向了成功的道路。

3. 有强烈的荣誉感

企业成长的每一个环节都十分重要，要把握企业的发展方向并且要有对企业成长的耐心。在“荣誉”的促使下，企业家发展企业将会历经“个人荣誉”、“企业荣誉”和“民族荣誉”这由低到高的三个层次。一个企业发展到最高境界便是在国际市场上成为国家的荣誉和民族的代表。

荣誉感是企业的灵魂，一个没有荣誉感的企业是没有希望的。企业荣誉感，不仅仅体现在企业的管理层上，也体现在企业的员工身上。

华为作为中国的民族企业，已经发展成为在通讯领域世界第三的地位，华为的不断进步让大家刮目相看。到 2008 年底，华为在国际市场上覆盖 100 多个国家和地区，全球排名前 50 名的电信运营商中，已有 45 家使用华为的产品和服务。华为的发展让世界看到了中国企业的潜力和发展，这也是企业将荣誉感演绎到民族荣誉这个最高层次的表现。

4. 不能只追求一时利益

许多企业家创立企业是依靠着赚一把就走的心态。他们只追求一时的利益，在这种心态的影响下，什么行业赚钱就做什么，完全没有长远眼光和可持续发展的战略。追求一时利益会让企业为了追求利益无所不为。

三鹿奶粉事件就是一个典型例子，三鹿集团为了追求利益，不惜将三聚氰胺添加到奶粉中提高奶粉在检测时的蛋白质含量，降低生产成本，但是对人的身体却造成了极大的伤害。三鹿集团这种行为就是典型的追求一时利益的表现，而后果就是将三鹿集团的前程断送了，三鹿集团最终走向了破产的道路。

企业的发展会随着企业的自身发展和所处的社会环境的变化而不断变化。一个成功的企业在不同的发展阶段，根据企业自身的实际情况而为自己制定不同的发展目标，有短期目标，也有长期目标，有短期利益也有长期利益。但是企业的眼光不能局限于短期目标，而应该放远眼光，追求长远利益。与此同时，企业的品牌也非常重要。企业不应该追求一时的利益，应该站在一定的高度上去看待企业的长期发展，着力发展企业的品牌效应，因为只有品牌才能给企业带来可持续的长远利益。

5. 要循序渐进，不能急于求成

许多企业并不明白这个道理，他们在发展的阶段急于求成，走上了发展的偏路。为了追求利益和名誉，许多企业开始放弃实业转而走向投资的道路，有的企业则将企业的发展从稳健发展转向跨越式发展和加速发展，这两种企业的转变都会让企业出现大问题。

近年来，企业专心于实业的发展已经是一件十分“落伍”的事情了。相比于过去老老实实创业的松下幸之助和丰田等，索罗斯的“用钱生钱”的方法显然比实业来得轻松，所以人们更愿意将眼光投入到近年来十分火热的非实业发展。但是中国经济要屹立不倒，仍然要依赖实业经济的可持续发展。一旦所有的企业家都跟随潮流从“实业”转为“投资”发展，那么企业的可持续发展以及社会的产业结构调整将无法得到实施，经济最终就会走向衰败。

企业过于追求发展速度将会导致企业发展出现问题，丰田就是一个例子。丰田集团以往的做法是走谨慎的路线去发展企业，创新产品。而近年来一改过去的做法：通过并购其他企业从而将企业自身做强做大，走上了一条十分冒险的道路。正是丰田近年来的冒险战略，让丰田在2001年之后，相继出现了许多的失误：过于追求企业的快速成长，但是人才的培养却十分缓慢。在利益方面，过于追求自我利益而忽视了合作者的共同利益，结果让丰田集团以往的良好口碑直线下降，甚至出现了“召回门”。这种急于求成的做法，让丰田陷入了危机，也让其他企业引以为鉴。

6. 企业的发展离不开诚信

诚信的企业才能立足于社会，立足于市场。

阿里巴巴之所以能有今天的成就，很大一部分原因是因为企业的诚信。阿里巴巴对于涉嫌欺诈行为的供应商都会采取相应的措施去惩罚，而对于给这些供应商提供便利和纵容其欺诈行为的员工马上进行处理。2011年，阿里巴巴的CEO和COO都是因为在前一年有太多供应商存在欺诈行为而引咎辞职，这一事件让大家看到了阿里巴巴如此注重诚信，更多的商家和投资者、客户都愿意加入到阿里巴巴中去，也就为阿里巴巴的市场拓展奠定了基础。

态度决定成败，良好的态度是成功创业的必要条件。企业追求利益，不能局限在过去，要善于学习和创新，在荣誉感的驱使下，循序渐进追求企业的长远利益。一个企业要靠商业模式盈利，更要靠态度成功。

系统会告诉你怎么做

企业成功的商业模式三要素，除了态度，第二个就是系统。系统可以让老板不冒风险，让消费者安心而又能获取最大利益。

一群有相互关联的个体组成的集合称为系统。系统是无处不在的，系统对于企业来说显得十分重要，但是由于企业没有专业的系统理论和实战经验，所以企业的系统化并不完善。

对于企业来说，商业模式与系统密切相关。

企业系统包括：组织机构、工作岗位和职责的分配、激励机制、人力资源系统、培训系统。

1. 组织机构

组织机构是企业为达到目的和获取利益而将人力、物力、财力等资源按一定的形式和结构组合起来的模式。组织机构系统对于企业的管理层来说，可以扩大管理幅度，减少管理层次，有利于明确企业各部门的分工和企业效益的提高。

2. 工作岗位和职责的分配

企业通过系统化工作岗位和职责的分配，有利于企业各部门工作人员的职责分工，能够让企业的工作分配更加注重能力和资源的分配，提高企业的工作效率，以达到企业资源最佳利用的效果。

3. 激励机制

激励机制是指企业依据法律和正确的价值取向，结合当下的文化环境等因素，对企业员工的行为从物质、精神等方面进行鼓励，达到对企业员工鼓励并且让其继续发展的机制。激励制度通过各种奖励资源充分调动员工的积极性，并且制定行为导向制度，对企业的工作人员的努力方向和行为方式进行规定。而对于由诱导因素所激发出来的行为进行规定的，则是企业的激励制度中的行为幅度制度。

激励机制对组织的作用具有助长性和致弱性。助长性是激励机制对企业员工符合企业期望的行为起不断强化的作用，通过激励制度，企业的规模不断发展壮大，商业模式也可以不断地完善。而致弱性则表现为不完善的激励制度，会压制企业工作人员的积极性，不利于企业的成长。

4. 人力资源管理系统

人力资源管理系统是指根据企业发展的要求，有计划地对人力资源进行合理配置，通过一系列机制和系统，充分调动工作人员的积极性，大力挖掘员工的潜能，处理好工作人员之间的矛盾，从而提高企业的生产效率，为企业带来效益。人力资源系统可以迅速为管理层提供一个详细的企业工作人员的信息，加强企业内部的信息沟通。相比传统的人力资源管理方法，人力资源管理系统可以减少企业的管理成本，让企业更好地成长。

5. 培训系统

企业系统中的培训系统分为员工培训系统和技术创新培训系统，员工培训系统可以让员工掌握企业的基本操作流程，获得技术能力的提升，有利于提高企业工作人员的业绩，发挥出最佳潜能，从而提升工作人员的工作效益，促进企业发展。技术创新培训系统则可以为企业的产品创新事业提供技术支持，从各个方面提高企业的技术创新能力，有利于企业创新产品的推出。

华为技术有限公司是一家生产销售电信设备的员工持股的民营科技公司，作为通信领域第三的企业来说，其简单高效的组织机构是成功的重要原因之一，图 2 是华为公司的组织机构分布。

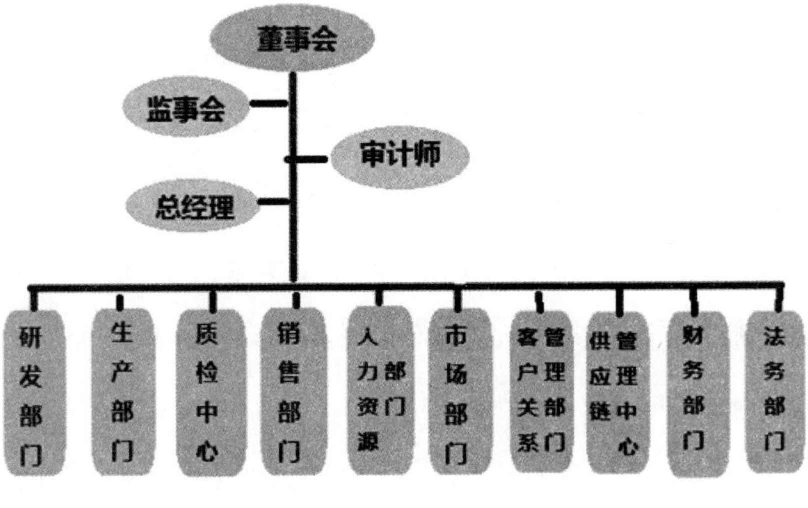

图 2　华为公司组织机构一览

在图 2 中我们可以看到，华为的管理层次并不多，所以管理的幅度很大，有利于企业信息的传达和反馈，管理者可以很好地作出判断和决策，从而保证企业有效地运营。华为作为本土企业，有着很重的狼的性质，通过集体的力量去创造价值。同时，受中国传统文化影响，华为也建立了自己的企业文化作为精神支柱，让企业不断壮大。另一方面，华为的激励制度也对企业的发展起着重要作用。

华为的激励制度包括股权期权和高薪激励。华为推行的员工持股制度，是一个对企业员工长期激励的有效办法，当员工进入企业一年以后，依据员工的职位、工作绩效状况等各种因素来决定员工可买的股份数。这种制度使得员工与企业由原来的雇佣关系变成了伙伴式的合作关系，这样员工对于工作便会更有激情，有利于提高企业的工作效率。在企业的创业初期和发展期，这种制度往往能够达到很好的激励效果。同时，这种员工持股制度可以为企业吸收大量的人才，有利于企业的可持续发展。

通过华为的案例，我们看到了组织机构和激励制度的重要性，如此重要的企业系统结构也需要随着时代的发展而不断完善。

一方面，企业系统结构的完善有利于降低企业的生产和运行成本，改善企业业务的流程和价值链，从而提高企业的生产效率。精益生产方式是其中的一个步骤，精益生产通过消除不必要的工序，将一些程序结合起来形成一个合作的团队，合作的团队直接对企业和消费者负责，这让原来分散的各个部门结合起来形成生产销售链，大大地缩短了生产和市场之间的距离，同时也降低了信息反馈和交流的时间，从而降低了企业的成本，扩大了企业的利润空间。

企业结构系统的完善是企业管理的一场革命，通过对企业结构的不断完善来达到降低成本、提高企业经营效率的目的，核心是完善企业的业务流程。改变了原来的管理方式，打破了企业各个部门之间的限制，避免了各个部门之间在衔接上的困难，减少了重复劳动和大量的等待时间。

另一方面，将企业的工作流程系统化可以提高企业效能。在高效能的企业中，企业的工作人员和管理层应该发挥同等的作用，根据经验和信息交流，不断地改进和学习。企业的管理层只有对员工有着真正的尊重和信任，才能够从员工身上获取有价值的信息和想法，从而得到创新成果。

模式即打造一个创造奇迹的大舞台

经营一个企业的三个关键因素，除了上文提到的态度和系统，第三个因素就是模式。态度决定企业做什么，系统决定企业做事效率，而模式则负责提供平台。这个平台是给企业创造的平台，也是给消费者反馈的平台。

受金融危机的影响，企业的生存环境已经开始变得艰难，为了在这种恶劣的环境下存活甚至发展，就必须重视商业模式。在此之前我们一直强调商业模式的重要性，那么模式是怎样打造一个创造奇迹的大舞台的呢？

1. 为网友打造了一个网络的表演大舞台

近年来互联网的发展让我们的生活和工作越来越网络化，人们也开始通过网络去表现自己。

作为中国领先的视频分享网站——56网拥有超过8000万注册用户，为网友提供了一个巨大的网络舞台。56网坚持“分享视频，分享快乐”的创始理念，其网站的娱乐、互动、分享功能满足了用户的各种需求。在56网上，逐渐涌现了一大批网络歌手。这些人因为受到大众的推崇，迅速走红，有的甚至登上了春晚的舞台。除了这些网络歌手，迅速红起来的还有许多热衷原创和恶搞视频的人，他们通过恶搞视频和原创配音展现了他们独特的才能，这些视频往往能够获得很高的点击率，并且大受好评。

被网友称为“网络第一配音团队”的“胥渡吧”就是其中的佼佼者。“胥渡吧”是著名的原创配音集中营，他们引领了恶搞配音的风潮，以原创搞笑配音《新白娘子传奇》、《还珠格格》等各种经典电视剧大受欢迎，被称为是迄今为止“出品最多，精品最多，分享最多；点击最高，还原最高，人气最高”的创意配音团队。他们在56网上传的视频作品累计播放量超过千万，在优酷点击率已经过亿。

而这支配音团队通过其几位队员的变声表演，塑造出来了许多经典人物的声音，但是这个团队的人员中，没有一个人接受过专业的配音教育，他们通过自身对配音的爱好而不断地学习、试验，最后给我们演绎出了如此精彩的视频。队伍中的队员来自五湖四海，从事不同的工作，因为对原创配音的喜爱而聚在一起进行创作，而这个团队因为迅速走红，并且借由自身的优势，已经成立了专业的配音工作室，开始与更多的影视媒体合作。

另一位在网络出名的原创用户叫“兽易小星”也是如此。他上传的自己的原创视频凭着搞笑的台词和另类的剧情，得到了网友的喜爱，被网友称为“另类思想者”，而大家的喜爱也让他实现了自己的梦想。在2012年创立了属于自己的公司，带领团队进入了微电影领域，成为导演。

正是互联网和56网的这种模式，给更多有共同爱好的网友提供了一个舞台去表现自己，创造了“草根”变“名人”的奇迹。而56网也开始完善这个舞台，在2011年推出了专门为普通人提供自我才艺展示的舞台“56红人馆”。

2. 打造了一个留学生“两栖创业”的舞台

好的商业模式是不断适应时代发展的模式。随着全球化的发展，越来越多的人会选择通过出国留学来提升自己。在这个形势下出现了一种新型的留学生发展创业的模式，这种模式被称为“两栖创业模式”。

这些人员可以选择回国，将在国外学到的高新技术带回国内，运用于国内的企业中，让企业能够接触到国外的高新技术，促进企业与时俱进。他们也可以选择留在国外创办企业，同时与中国企业建立一个联系，可以互相交流信息，有利于企业的交流发展。

“两栖创业模式”在一些发达城市已经开始兴起，这种模式为我国引进了许多高素质人才，打造了一个给留学生发展创业的大舞台，也给我国企业的发展提供了一个大舞台。

3. 打造了电子商务共享的舞台

2011 年 4 月，广东新一代网络科技有限公司领先全球推出了云电子商务平台产品，云电子商务客户端可以通过云共享模式，汇集世界各地的企业和消费者的相关信息，从而打造一个世界型电子商务的资源信息共享大舞台。

这个客户端将会在云共享、云搜索、云联盟基础上，将企业和消费者紧紧地联系在一起。消费者可以通过一个属于自己的网站平台进入到共享云端中的数据库系统，查阅自己想要的信息。用户可以通过这个平台购买自己想要的商品，同时，也为企业提供了获得国内以及国际订单的机会。这种信息的便利交流，方便了企业获取信息，同时也减少了获取信息的成本。双向受益。

广东新一代网络科技有限公司独创的云电子商务模式特点是将阿里巴巴、淘宝网和各种团购网等成功模式的优点总结出来并且将其融合，从而形成了云电子商务模式。该公司着力于对云电子商务模式的系统进行专门化的技术研究和发展，力求实现企业产品通过该客户端资源共享，从而让世界各地的商家和消费者都可以购买，真正地实现资源、信息、产品和买卖的全球化。

新一代“云商务”模式实现了全球电子商务平台信息交流，这为每一个用户提供了最完善的信息资源共享舞台。

4. 支付宝打造第三方安全支付平台

支付宝作为独立第三方支付平台，通过“第三方担保交易模式”为中国网上交易模式提供了简单安全的在线支付服务。支付宝是一种以用户信用作为担保的支付平台，在网上支付中执行信用担保和代收代付的职能。支付宝以商家和消费者之外的第三方的角色参与到商家和消费者的整个交易过程中，同时为商家和消费者提供信誉支持，确保交易中资金的安全。

这种支付模式弥补了我国电子商务体系不健全的缺点。经过不断的发展和完善，支付宝成长为全球最领先的第三方支付公司之一，支持使用支付宝交易服务的商家已经超过46万家。支付宝的注册用户数量庞大，这个巨大的消费市场吸引了众多的互联网商家，促进了支付宝平台的发展。而支付宝也为电子商务中的消费者和商家提供了一个安全支付的大舞台。

5. 打造一个共同发展的平台

可口可乐公司作为全球最大的饮料公司，拥有高达160种包括汽水、果汁、咖啡等饮料品牌。可口可乐最初是以可乐糖浆和碳酸水混合饮料出现在大众生活中的。随着可口可乐公司的不断壮大，才开始涉及饮料行业的其他品种。可口可乐旗下的产品已经多到在我们生活中随处可见：饮料有芬达、雪碧，矿泉水有冰露，果汁有美汁源果粒橙……

这些饮料之所以能够占领中国市场，离不开可口可乐公司的成功。正是可口可乐公司这一个大品牌所奠定的群众基础，加上其独特的商业游戏规则，让可口可乐旗下的各种品牌能够在可口可乐多年来搭建的平台上面共同发展，从而获得利润，获得成长。

商业模式的创新，除了可以促进企业的发展，让企业获取利润最大化，同时也为各个群体提供了一个创造奇迹的舞台，让大家在这个舞台上尽情表演。

七、想怎么玩游戏：关乎规则

游戏厅谁最赚钱——制定游戏规则的人

企业家创造了企业，也就是提供了一个平台让大家在商业舞台上表演。而企业家作为企业规则的制定者，大家都要依据企业家所制定的规则来玩。也就是说，企业家一旦建立好了一个商业规则，就可以坐着等待大家的演出，而商业规则越好，企业就越能够轻松地坐收渔翁之利。

一个企业的商业规则是否好，可以通过消费者对企业产品的忠诚度来判断。也就是说，企业的商业规则越好，消费者越愿意和企业一起去玩，消费者对企业产品的忠诚度也就越高。相反，如果一个企业依靠的是一个不好的商业规则时，消费者认识到了之后，就会抛弃该企业，转而投向另一个企业的怀抱。所以企业家的任务就是通过不断地完善商业规则而去留住消费者。

消费者是否忠诚于企业的产品，取决于企业制定的“游戏”规则的好坏。这个规律从企业产品的生产和促销活动中就可以看出：宣传和销售效果不是看哪个企业花费最多，而是看企业所制定的规则。如果没有制定一个好的规则，消费者是不会参与进去的。那么企业作为一个制定规则的人，要做些什么呢？

1. 建立一个好的商业游戏规则

企业一旦制定了规则，利益相关者都要参与到所制定的规则中去。也就是说，一个企业一旦建立了一个好的商业模式和规则，就可以获取利益，企业制定的规则越完善，所获取的利益就越多。

腾讯在制定游戏规则这一方面十分成功。

2011 年 6 月，腾讯集团决定实行开放平台战略，大受关注。由于腾讯旗下的 QQ 用户多达 7 亿，这个巨大的消费市场为腾讯吸引了众多的第三方合作伙伴。腾讯相关用户给第三方软件带来了很大的消费者流量。

腾讯社区及开放平台收入已经达到了 20 多亿元。截至 2012 年底，腾讯开放平台已经拥有超过 60 万的开发人员，第三方操作平台的应用日活跃用户已经突破了 2 亿，这让腾讯获取了巨额利润。最近，腾讯 QQ 增加了一个“找企业”的操作板块，7 亿 QQ 用户可以通过网页查找企业 QQ，这让使用企业 QQ 的用户拥有了特殊的竞争优势。大量资源和数据的利用有利于企业的营销和投放策略，这是中小企业选择企业 QQ 重要的原因之一。

企业 QQ 拥有较为完善的技术和巨大的用户网：企业 QQ 将眼光放到用户信息的处理方法上，可通过对 QQ 普通用户的信息分析，对不同的用户推荐不同的企业，为企业提供了很大的市场。而在巨大的用户网下，腾讯 QQ 作为即时通信工具加大了企业 QQ 和 QQ 普通用户的交流，让用户可以与企业进行及时交流，有利于消费者对企业产品的认识和了解，企业也可以通过网络为消费者提供更好的售后服务。而腾讯集团则通过对企业 QQ 的收费来获取收入，这也是很大的一笔收入。

腾讯集团作为一个制定规则的人，决定了其他企业要想通过腾讯的平台获取信息，就必须缴纳一定的费用，让腾讯获得了最大利益。

NBA 的规则制定也是一个例子。NBA 游戏规则是一个商业模式，这个规则在竞技和商业模式上有了一个完美结合。NBA 一般分为东西区，包括 30 支球队。NBA 的比赛一般分为夏季联赛、季前赛、常规赛、季后赛和全明星赛五个比赛。夏季联赛主旨在于为一些年轻队员和新秀提供一个和比赛一样严格的练习机会，一般球队的主力队员并不参加夏季联赛。季前赛是常规赛前的热身赛，包括人员的交易和教练的更换。而常规赛则是包括 82 场比赛在内的漫长比赛。最后进行的是全明星赛，这个比赛是由常规赛表现出色的队员组成，并由全球通过网上投票选出，是一场带有商业表演性的比赛，这让各个利益相关者都获得了可观的利益。

NBA 球员向来都是十分努力和敬业的，因为 NBA 与球员实行合同制，NBA 通过在球员比赛中的表现来决定球员的酬劳，在这种利益驱使下，球员都会努力地为比赛而奋斗。

NBA 日益完美的游戏规则，顾及到了游戏各方的利益，并且通过利益大小不断的转换来刺激各方的积极性。作为制定规则的 NBA，球员和比赛都要遵循 NBA 的规则去进行，而利益的分配也是由 NBA 决定，这样一来 NBA 则是获取最大利益的人。

2. 要自己控制企业的游戏规则

一个企业制定了一个游戏规则之后，还要学会让消费者和竞争对手跟着自己的规则走，自己控制好自己游戏规则的进度，不要被他人操控。

2006 年，华为的服务器业务部门在互联网业务方面开始和百度合作，为百度提供一个可以每日承载几亿次的点击量和对百度信息平台上的大量数据进行处理的服务器。而随着近年来手机终端服务的不断完善，华为和百度还合力打造出了“掌上百度”，这是继服务器之后的又一大力作。

随后，华为又与中国最大的社交网站 51.com 联手，为其提供交换机和服务器等高端设备，为互联网信息技术的发展作出了巨大贡献，而华为也从中获得了许多利益。

华为通过自身科技水平的不断提升和对高新技术的不断研发，掌控着企业自身发展道路的命脉，也保护着中国移动电信行业不再受外国高新技术的控制。华为掌握了游戏规则的制定权和玩游戏的主动权，让华为有了更大的发展潜力，也让中国制造有了更大的进步空间。

对于企业来说，建立一个属于自己的游戏规则，可以让企业在整个经济活动中起到主导作用，为企业带来巨大利润。企业通过制定游戏规则，让消费者参与到游戏中来，按照企业事先制定好的规则去运行，制定规则的人就是赚钱的人。

有一种规则可以让人“被增值”

消费者面对众多的企业产品，那么企业要用什么方法去吸引消费者呢？这就需要企业通过制定一个好的规则，让消费者的利益在企业制定的商业模式和规则中得到增值，从而让消费者选择自己的产品。

企业要成功，除了依靠一个好的商业模式和规则外，还要重视吸引消费者，让企业能够可持续发展。那么企业是怎样用“被增值”去吸引消费者的呢?

1. 企业让消费者有“被增值”的感觉，有利于消费者接受和认可自己的产品，并且可以得到消费者的二次消费

如果只是单纯地让消费者买下产品，不一定能够得到消费者的认可，也就不能为企业带来二次消费，那么企业的销售就不能达到可持续增长。

近年来的苹果热，让越来越多的人开始以拥有苹果系列的产品而自豪。不管是学生还是工薪一族，或者是成功人士，身边都开始出现了苹果的产品：用 iphone 打电话、刷微博、玩游戏，用 ipod 听音乐看视频，用 ipad、iMac 上网浏览，等等，大家对苹果产品的热爱让苹果公司成了世界最大的 IT 科技企业。

苹果之所以成功，除了技术上的能力之外，离不开消费者对其产品的支持。苹果产品的这些忠实消费者，自称为“果粉”。他们忠诚于苹果，大部分电子产品都是来自苹果公司。这些“果粉”也是苹果公司的二次消费者。而苹果为什么可以有这么多的拥护者呢? 这就是企业通过对消费者的关注和提供服务，让消费者觉得被增值，从而提高了消费者的忠诚度。

以 iphone 为例，Ios 是由苹果公司开发的手持设备操作系统，这个系统已经占据了全球智能手机系统市场份额的 30%，所以作为 iphone 来说，由于其拥有巨大的软件资源，iphone 的个性化、扩展性和实用性就很强，用户可以通过下载自己喜欢的软件对手机进行个性化装备，还可以下载各种游戏。对于消费者来说，功能强大的手机让用户感觉自己不仅仅是买了手机，还等于买了一个游戏机，并且是性能很好的游戏机。这个优点让iphone大受欢迎。也正是这种优点，让消费者觉得被增值了，也就对该产品产生了好感，这种好感就让消费者有可能第二次、第三次地购买了。

苹果用服务打造了规则，这种商业模式让苹果进入了发展的高速阶段，正是苹果让消费者得到的“被增值”的感觉成就了这个公司。

2. 让消费者觉得“被增值”有利于产品的销售

有些企业家认为，客户的价值只是当下给企业带来的现金流，企业获取最大利益是唯一目的。然而在市场经济发展迅速的今天，企业要想成功就必须要重新去审视客户给企业带来的价值，只有了解客户带来的价值，才能够给企业带来可持续利益。

1998年为应对亚洲金融危机，我国住房商品化改革开始。随着经济的发展和经济泡沫化，房价不断攀升，房地产成为了中国投资回报率最高的资产。即使是在推行“国五条”的情形下，中国的房价仍然不能够被控制住。

近年来的“炒房热”也是这个原因。房价的急速上涨，已经超过了一般人经济能力的承受范围，但是也让人们看到了其中可观的利润。人们出于投资的安全性考虑，更多没有投资专业知识的人愿意将钱投资到不动产中。

通过买房来投资在这个房价居高不下的时代确实是一种方法，对于投资者来说，如果投资的房子的房价在未来仍然大幅度上升，可以考虑将其转卖出去，赚取其中差价。而一旦房价不能达到自己的理想价格时，还可以选择自己住，是一种较为保守的投资。

售楼部门利用人们想要通过“炒房”获取利益的心理，通常不会一次性将楼房全部公开销售，而是隐瞒一些楼房，让消费者有紧迫感，同时大力宣扬楼房的好处。在这种情况下，消费者通常会被楼房的“价值”所吸引，会认为自己如果买下这个楼房可以赚取利润。售楼部门通过让顾客觉得自己“被增值”，而让顾客心甘情愿地购买商品房。

3. 让顾客感觉“被增值”对于企业的可持续发展是十分重要的

过去那个靠低成本和生产效率获取利益的时代已经过去，现在要想征服市场，必须将消费者的利益考虑进去，也就是企业让渡利益给消费者。

在中国的洋快餐两大巨头——麦当劳和肯德基之间的战争一直在持续着。

2010 年，麦当劳提供免费咖啡续杯服务，在周末对于每个光顾餐厅的小朋友赠送 1 个迷你圆筒冰淇淋。而对手肯德基也不甘示弱，推出了三款“冬日热饮”买一送一的优惠，与此同时还推出了一系列适合一到三个人食用的不同规格的“乐惠餐”和“超值分享装”的单品优惠。随着互联网的发展，二者也都开始提供免费的无线网络给顾客使用。

从麦当劳的咖啡免费续杯到肯德基的买一送一，都是吸引顾客的促销手段，通过这些方式让顾客觉得有利可图，可以大大提高产品的销售量。而提供的免费无线上网更是工薪一族愿意去消费的原因之一，快餐店增值地给消费者提供了上网服务，让消费者更愿意进去消费。

快餐店将一部分利益让渡给消费者就是抓住了消费者乐于“被增值”的心理，相较于降价，买一送一和免费续杯等方式更加能够让消费者直观地看到自身所赚取的利益，更能够吸引消费者。

以上的三种方法，都是企业为获取利益而对消费者采取的营销措施。

企业作为定制规则的人，就要学会如何分配利益，并且需要给消费者让渡利益，让消费者觉得“被增值”。从而增加顾客的忠诚度，让企业利益可持续。

打造属于你的规则圈

通过以上两个小节的学习，我们知道了规则的重要性。规则可以让企业获取更大利益，也可以达到增值的效果。规则是一个企业商业模式好坏的表现。对于今天的企业来说，一个好的规则可以让企业的营销活动变得更加有效从而获取更大利益。

规则的好坏体现在规则是否适应了企业的发展，不同的企业应该有不一样的规则。那么作为企业，要怎样打造一个属于自身的规则圈呢？

1. 确定企业自身的定位和规模

企业的不同性质和规模要求企业要制定不一样的规则。对于不同的行业，要根据自身的情况，制定自身的规则标准。对于规则，企业要按照自身的情况去制定，不能一味地照搬照套其他企业的规则，要有对规则的创新意识，跟上时代的步伐。在遵循5项原则下，企业可以用自身的创新意识去制定一个新的企业规则。

企业通过对自身的人力资源和技术能力的了解创立出来的新规则具有强大的力量，这种新规则甚至有可能会引领一个新的时代的出现。

俗话说：磨刀不误砍柴工，企业的战略定位是关乎企业发展成功与否的关键。战略定位对每一个企业而言就是为砍柴而在磨刀。企业的战略定位必须通过严谨的分析和研究，才能正确地为企业定位，也为企业未来的经营之路奠定基础。

2. 颠覆原有的旧规则

新规则只有弥补了旧规则的不足才有其存在的意义，但不能仅仅是弥补，还要有颠覆，这样才能够以新规则去解决原来不能解决的问题，这才是关键所在。

自助餐的出现就是饭店对旧规则的一个颠覆。饭店的最初运营模式是饭店通过给定可选菜色并且对每一个菜色进行定价，通过点菜进行消费。而自助餐的出现打破了这种给食物定价的规则，让消费者忽视了食物的价格。通过这个给定的自助餐价格，让消费者有努力的空间，消费者会觉得只要通过自己的“努力”，可以大赚商家一笔。而对于商家来说，它的定价都是经过成本核算的，是不会亏本的。这种心理让自助餐这种新模式、新规则取得了巨大的成功，正是颠覆了原来的旧的饭店经营模式，这种新模式才有了真正的活力。

3. 对原有的规则进行分析和研究，为新规则制定奠定基础

新规则只有在原有的规则上不断地创新和发展，才能突破原规则，同时，还能够克服原规则的缺点。但是新规则也不能限于原规则，要真正地创立新规则。

家电市场最初通过降价的方式促销产品。通常在一个新的产品推出的时候，大部分的消费者都会选择新产品，原来的旧产品就会受新产品的影响而销路受阻。于是家电市场选择通过降价的方式卖出旧产品，这样一来，家电市场不会因为旧货囤积而亏本，不追求新产品的消费者也能够因此以低廉的价格购买商品。而后来，家电市场又开始有了新的促销手段，通过“以旧换新”和“买大送小”等方式进行促销。但是在这种新的促销规则下，企业的利润下降了。

4. 新规则推出之后，可以修改，但是切忌频繁和大量的修改

新规则，也是一种新模式。一个新规则的推出，并不是完善的，需要经过推出后消费者的信息反馈进行修改。在推出新规则之前，可以通过小范围的试验来得到用户的信息反馈。

现在网游正在流行势头上，每年都有许多的新网游推出。为了让用户可以更喜欢这个游戏，网游在推出之前都会进行公测。公测是邀请一些全国各地的用户参加测试，主要是侧重于客户端可能出现的问题，测试服务器的性能和查找程序的 Bug。通过公测可以知道哪些环节需要改进，哪些结构不够合理，从而进行改进完善。

但是一定不能过度频繁地修改，修改次数过多会让消费者觉得烦闷，从而让消费者对产品的稳定性产生怀疑，甚至会让消费者对产品产生抵触情绪，不利于产品的可持续发展。

5. 建立一个共赢的新规则

现在是一个共赢的社会，大家都想获得利益，这样的规则是最好的。只有互利双赢，大家才愿意加入你的游戏并遵守规则。只要规则对一方不利，就不会被采用。所以在这种情况下，建立一个共赢的新规则显得尤为重要。

规则的力量是非常巨大的，然而，规则要想发挥应有的作用，既取决于规则是否能够得到消费者的认可从而执行，也取决于规则本身是否符合实际。在新经济时代，谁制定规则，谁就能够领跑世界。

在2002年以前，中国金属交易中上海铜的期货价格是受伦敦金属交易所的期铜价格影响的，而中国的橡胶价格也是参照东京橡胶价格的。中国作为一个消费大国，价格却不能自己做主，这对中国的经济十分不利。这种不利的情况，在上海期货交易所的努力下，发生了根本性的改变。2003年11月，上海期货交易所中期铜的价格走势对伦敦金属交易所的价格影响程度高达38%。也就是说每一吨国际铜价的38%被中国因素影响。这也标志着中国在国际金属市场上实现了“上海价格”。

自从中国对国际金属价格有了话语权之后，中国上海期货交易所中铜成交量大幅度上升。2003年，上海期货交易所的铜交易规模更是上涨迅速，一跃成为了全球第二大铜交易中心，2004年上海期铜价格促进了国际上铜的市场定价体系的完善。

新经济时代新兴产业的特征使得风险投资能够出现。互联网的迅速发展带动了相关行业的发展，成为最吸引风险投资的新兴行业。在新经济时代，职业投资人可以不必精通自己所投资的行业的专门技术，只要了解相关市场和分析市场的发展趋势，在关键时候对其进行规划和投资。

利乐公司是一个无菌包装厂，主要是为蒙牛和伊利进行无菌包装。而利乐公司的成功就在于其打造了一个属于自己的规则圈。

在蒙牛创业初期，没有足够的资本去购买牛奶整套的包装设备，而利乐公司就为蒙牛想了一个办法。蒙牛以分期付款的方式购买设备，这样一来，蒙牛既可以保证有足够的资金进行生产活动，又可以购买到包装设备。同时，利乐公司还承诺，如果蒙牛在分期付款期间某年从利乐公司购买的无菌包装纸达到一定数量的时候，就可以不付当年的费用。

这样一来，利乐公司就可以获得很大的利润，如果蒙牛每年使用的无菌包装纸没有达到设定的额度时，蒙牛就要支付设备的钱；如果蒙牛使用的无菌包装纸达到了数量，虽然看上去免去了设备的钱，利乐公司没有获利，但是利乐公司可以通过足够的无菌包装纸的销售来获得利润。根据信息显示，利乐公司将近一半的利润来源于包装纸，也就是说，不管蒙牛是否支付设备的费用，利乐公司都可以获利。

利乐公司的聪明远不止这些，利乐公司生产出来的设备只适用于利乐的无菌包装纸，也就是说，任何企业一旦购买了利乐公司的设备，也就意味着以后要无条件地使用利乐公司提供的无菌包装纸，这就为利乐公司带来了持续的利润。

在利乐的商业模式中，利乐与蒙牛的交易，利乐占据主导地位，作为规则的制定者，掌控着全局的发展，打造出来一个属于利乐的规则圈，为利乐的长远发展奠定了基础。

通过利乐公司的例子，我们可以知道企业要想可持续发展，必须制定一个符合自身实际情况的规则，才能让企业在好的商业模式下获得最大利益。

八、想打造什么样的商业王国：关乎模式

投资模式：付出最少，收获最多

企业的商业模式十分重要，商业模式包括投资模式、服务模式、交易模式、利益模式和价值模式。下面让我们来看一看商业模式中的投资模式。

一个好的商业模式可以让企业获取最大利益，也就是我们说的用最少的付出获取最大的收益。在我国的“十二五”计划中，着力于转变投资方式，这也是转变经济增长方式的一个重要的环节。投资模式就是要付出最少，收获最多。任何一种投资的最终目标都是通过投资获得收益。

一个企业要想成功，就离不开企业的投资，企业的生产和再生产是离不开投资的。随着经济全球化的发展，投资的方式也越来越丰富。

投资分为两种，一种是对内投资，即对企业自己的投资，主要是企业生产经营的各种基础设施、设备，包括企业办公楼、生产设备等基础设施；另一种是对外投资，是指企业通过现金或是资产抵押等方式购买有价证券进行投资，有价证券包括股票和债券等。如果企业对市场的整体状况尚不清楚，不管是对内投资还是对外投资，都要十分谨慎，不断地向有经验的企业学习，不断完善自身的商业模式，制定合适的投资模式，才能够让企业持久常存，在市场上立于不败之地。

获得投资收益的办法很多，一般来说，投资模式分为短期投资和长期投资：

1. 短期盈利的投资模式

绝大部分投资者更喜欢短期盈利的投资模式。他们以短期作为追求利益方式的原因是这种方式可以让利润迅速到手。短期获利的方式可以更大程度上满足人们的虚荣感。

企业的短期投资是一种常见的经营性行为，短期投资可以充分利用企业的富余资金对外投资，获取比银行存款的利息更高的收入，从而增加企业的效益。特别是对于中小企业来说，长期投资占用的资金比较多，时间长，相应的风险也较大，一旦投资失败会对中小企业产生致命的伤害。而如果采取短期投资，则可以避免过大的风险，又能获取投资利益。

2. 长线盈利的投资模式

长线盈利的投资模式，是国际上投资成功人士常用的方法。长线盈利一般是指在股票投资中，持有者不被短期的市场价格波动产生的盈利所影响，采取长期持有的方式获取利益。长线投资一般是投资机构最擅长的。

这种模式应用到企业上，就是以长远的目光去看待企业投资，建立完善的长期投资内控制度。通过完善内控制度，可以保证企业长期投资的有效，从而达到投资目标，获取投资利益。

对于企业来说，技术是第一生产力。企业对技术创新的重视就是对企业的长期投资，企业只有不断地发展高新技术，跟上时代的发展，才能够有长远的发展。

华为公司之所以能够在竞争如此激烈的社会名列前茅，就是因为华为重视技术的研发和创新，以长远的目光对企业发展进行投资，从而让企业能够获取长线的投资利益。所以我们相信华为不仅仅是现在的强大企业，更是未来的顶尖企业。

对于企业的对外投资来说，有成功也有失败，企业必须建立一个好的投资模式，才能够付出最少，收获最多。那么企业应该怎么做呢？

1. 企业投资要想成功，就要知道投资的三个特点

第一个是风险性。风险性是与收益性相对应的一个因素，是在投资过程中对于投资的未来收益的不确定，即该投资一旦失败之后投资者要承担的损失。

在企业的投资中，为了控制风险可以通过多种投资方式进行分散投资，从而控制、规避风险。有投资就会有风险，企业在投资的时候首先应该了解风险并且确立好应对风险的策略，完善投资机制，可以通过风险转移来维护企业利益。

第二个是收益性。投资的目的是为了获得利益，所以在投资行为中，收益的大小会影响企业的投资。对于企业来说，收益性越高的投资越能够引起企业的兴趣，但是作为企业也必须认识到：收益越大，风险越大。

第三个是流动性。企业投资必须要注意投资方式的流动性。对于企业来说，如果有大量的长期闲置资金，在投资的时候可以选择收益性大但是流动性差一点的投资项目。因为如果资金长期闲置，也就不用担心资金的应急问题，可以忽视投资项目的流动性。如果企业有的是短期闲置资金，那么可以利用这个短期时间，选择一个流动性好的项目将闲置资金进行投资，这样既不影响企业的正常运行，又能够为企业带来投资收益。

2. 企业投资要克服过于自大的心理

自大是绝大部分投资者的特性，过度的自大容易导致投资失败。投资者凭借自身的经验，容易被高成功率所迷惑，过分夸大了自身的成功。而失败的关键原因是过度的自大让投资者忽略了风险控制，最终会走向亏损的道路。

世界最著名的国际金融投资家索罗斯曾经在东南亚引发过金融风暴，也曾经让英镑和泰铢受到过重创。1997 年，索罗斯将目光瞄准香港，开始联合几家大型基金公司持续性地买入香港股票，导致恒生指数不断上涨，引起股民的追随。随后索罗斯开始不断地抛出股票。股价迅速下降，恒生指数也从最高点 16000 点掉到 4000 点。但是索罗斯没有料到的是在恒指 4000 多点时，香港政府开始救市，这让索罗斯大受挫折，损失惨重。索罗斯的这次失败归咎于之前的胜利，之前的成功让索罗斯过于自大，没有充分考虑到政府的因素，最终香港股票之战成了索罗斯的“滑铁卢战役”。

作为投资者，不能够有过于自大的行为，企业也不能。企业不是独立生存的，企业要和供应商、竞争者、政府还有消费者联系起来，以虚心的态度去学习和投资。企业的投资必须重视其可行性，要对投资项目进行充分的调查和分析，尽可能地防范风险和减少失误。只有这样，企业才能够付出最少，获取最多。

服务模式：最优服务创造最多利润

企业的商业模式中，还包括服务模式。服务模式的精髓就是用最优服务创造最多利润。

对于企业来说，服务是很重要的一个环节，消费者在购买商品的时候，不仅仅是购买了商品，还购买了一系列的相关服务。好的服务可以留住顾客，有利于培养顾客的忠诚度。一个好的企业要有好的服务模式才能够有发展。服务模式一般有以下几种。

1.“包办式”服务模式

这种服务模式是因为其性质和“包办”相似而得名，指企业会给消费者提供一个全套的一条龙服务，消费者只需要付给相应的钱，确定好你想要的方案，该企业或组织就会为你全部包办好。

商品房装修包办公司就是一个典型，中国人“家”的情结很重，每个人都会想要有自己的一个家，但是由于工作繁忙和装修知识欠缺，许多人并不能够在自己家的装修事项上面亲力亲为，这时候装修包办公司就显得十分重要。在装修包办公司与顾客确定好装修风格和价钱之后，由装修包办公司去进行装修设计和材料采购，同时提供质量监督、进度控制、室内布置等一条龙服务，除了为顾客减少了自己消耗时间之外，也比顾客拥有更多的专业知识，有利于装修的美观和实用性。

另一个例子是宜家（IKEA）家居。IKEA 的销售模式就包括管家式服务模式。IKEA通过家具样品展示区，给你提供一个配套的家居套装的搭配，你如果喜欢，可以整套购买，也可以购买单件商品。对于没有时间自己搭配家居的人们来说，去IKEA购买一套已经搭配好的家居用品无疑是一件最方便、最节省时间的事情了。

2.“顾问式”服务模式

“顾问式”就是以服务顾问的形式对顾客进行全方位的专业指导，主要是负责向顾客提出专业的意见和建议，解决顾客咨询的相关问题。

各种企业的售前售后服务和客户服务就是这种性质，只要是关于该产品的任何问题，你都可以对其进行询问。“顾问式服务”被誉为“终端业绩提升的第二次革命”，有利于实体店导购提升销售业绩，同时也能够让消费者享受到更多售前售后服务。

售前服务其中一种就是实体店里的导购。对于消费者来说，到一个实体店消费，好的导购会让消费者以愉悦的心情购物，并且对该品牌留下很好的印象，在销售的同时也为消费者提出相关建议。售后服务是企业的一个很重要的销售环节。俗话说，第一次销售靠产品的魅力，第二次销售靠服务的魅力。售后服务是当下企业参与市场竞争的关键。

汽车的销售就是一个典型的顾问式服务模式，消费者购买前，会有专业导购根据消费者提供的各项要求帮消费者挑选出适合的车型，并且会将挑选出来的车型进行对比，让消费者能够直观地感受到不同型号的差别，从而选出自己喜欢的车。同时，消费者还可以进行试驾，全方位体验车的性能。汽车的售后服务也是比较完善的，包括业务人员根据客户档案资料，研究客户对汽车维修保养及其相关方面的服务的需求，通知客户按期保养、告之本公司优惠活动、通知客户按时进厂维修或免费检测等。

3.“自助式”服务模式

“自助式”的选择应用于时间比较宽裕的顾客，消费者可以根据自己的喜好来挑选适合的产品。

大部分企业都是采取这种销售模式的，百货超市通过对商品的分类，让顾客自己去挑选想要的商品，给顾客提供一个自由选择的空间。同时，同类商品摆在一起的方式也有利于消费者对同类商品对比，有利于消费者挑选出最适合自己的产品。

随着网络信息化的完善，自助式服务甚至发展到了各个行业，银行和电信行业的自助服务终端的不断研发和完善，为消费者提供了一个更加便利的服务，许多业务不再需要消费者亲自到营业厅去办理，只要有自助服务终端机就可以自助完成。这种方式既节省了顾客的时间，也缓解了营业厅的业务压力。这种模式下，可以为顾客提供最优服务，为企业创造最多利润。

一个好的模式也要不断跟上时代的脚步，也要不断创新。

1. 全新型的服务模式创新

全新型的服务模式，是指在服务内容和方式上的创新，是与原来的服务完全不同的新模式。全新型的服务模式是具有革命创新性的服务模式，这种模式一般会随着技术的创新而更新换代，在这种模式下，通常会有新的行业开启。

网上购物行业的出现就是一个典型。网购就是通过互联网进行检索商品信息并且通过网上订单，快递派送给顾客，最后买家进行支付这一系列环节完成购物的。网购的出现，对于传统的实体店经营方式来说，商家减少了店铺费用和销售人员的费用支出，也就减少了经营成本，扩大了利润空间。而对于消费者来说，只要你有空，可以在任何时候上网搜索，没有了实体店的营业时间的限制，同时又可以节省时间和体力，足不出户就可以买到自己喜欢的东西，并且网购的东西比实体店要便宜许多。

近几年网购网站的不断发展和完善，支付系统安全性能的提高，让网购越来越专业化系统化，越来越多的人加入到网购的行业中，为商家创立了一种新的服务模式。

2. 改进型的服务模式创新

智能手机就是作为一种改进型的服务模式出现在人们的生活中的，相比于旧的服务模式中的移动电话，智能手机有着小型轻便的功能，而智能手机的出现更加方便了人们的生活。智能手机集打电话、听音乐、看视频、拍照、上网等多功能于一体，只有你想不到的，没有智能手机做不到的。

手机原本只是一个能打电话发短信的工具，随着科技的不断进步和发展，发展成了一个多元化的通信娱乐工具，手机的拓展性也越来越强。用户可以通过操作系统自主安装软件，第三方对手机应用软件的大量供给，让智能手机充满个性。

网上购物的出现和智能手机的完善，是企业在服务模式上不断创新的产物。企业通过建立一个完善的商业模式，不断创新企业服务模式，从而以最优的服务创造最多的利润。

交易模式：价值决定最终模式

作为企业商业模式的5个要素之一，交易模式是决定企业价值的最终模式。企业的交易模式越完善，商业模式就越好，企业能够获得的利益就越多。

在当下互联网交易不断完善的趋势下，出现了几种电子商务交易模式。

1. B2B 模式（business–to–business）

该模式是指通过互联网这个媒介，在企业与企业之间形成产品和信息交易的方式。B2B 模式的出现，将各个企业集中到互联网，通过互联网进行交易，阿里巴巴就是一个典型的 B2B 交易模式。

阿里巴巴作为国际上最大的运用 B2B 模式进行运营的平台，通过为顾客提供贸易平台和信息交流平台，让企业之间不用面对面地实际交流，减少了企业的交易成本和时间。同时在互联网的促进下，有利于中国企业的“引进来”和“走出去”，有益于中国企业吸引外资和扩大海外市场，为企业提供了一个自由的贸易市场。

2. B2C 模式（business–to–consumer）

这种模式是建立在企业和消费者之间的电子商务交易模式，也就是网络上的零售商店。这种模式下，消费者可以在任何时候在家进行购物，为消费者节省了大量的时间，提高了交易效率。同时，对于企业来说也减少了实体店的开销，网店运营的成本要比实体店低得多。京东商城就是 B2C 模式的代表。

京东商城作为网上购物网站，其商品来源于产品制造商，相对于一般的销售商来说，减少了产品的转手次数，大大地降低了采购成本。同时，京东商城支持多种支付手段，消费者可以通过在线网上支付和货到付款等各种方式进行付款，为消费者提供了很大的方便，这也是京东商城成功的原因。

3. C2C 模式（consumer-to-consumer）

这种模式是存在于消费者与消费者之间的电子商务模式。C2C 网站主要是在消费者之间提供一个平台，将消费者聚集到一起进行交易，其代表网站是淘宝网和拍拍网。

淘宝网包括企业商城模式和个体运营模式，其中的个体模式就是我们所说的 C2C 模式，网页的布局设计，销售出货等都是由店主负责，由店主将自己的物品放上去进行销售。这种商业模式下，消费者与消费者之间的交易成本低，并且通过 C2C 网站消费者可以得到更多的资源共享。第三方支付端“支付宝”的出现也为交易提供了安全保证。

以上 3 个交易模式是电子商务模式的最常用模式，我们可以借鉴其成功的模式使企业不断发展进步。对于企业来说，企业的交易模式最能够体现商业模式在竞争力上面的优势，而交易模式一般着重于三个方面。

1. 尽可能减少交易成本

交易成本是指交易双方在交易的过程中产生的各种耗用，包括时间和金钱。通过减少企业的交易成本，可以让企业获得更多利润。企业可以通过减少生产成本、销售成本、采购成本等方式来达到减少交易成本的目的。

随着网络的不断完善，网络营销进入到企业的生产销售中。网络营销凭借互联网的信息全球化共享功能，让企业可以通过网络进行交易买卖，十分方便。这种交易方式为企业的采购和营销节约了时间，同时也省去了双方工作人员亲自交易的过程，大大地节约了人力资源，减少了开支，也就减少了企业的交易成本。

在交易过程中，要尽可能减少交易次数以减少交易成本，因为交易的次数越多，其管理成本和缴纳的手续费之类的费用就越多，交易的成本也就越多。

2. 不断提高交易价值

通过不断地完善企业的交易模式，可以平衡好各个利益相关者的利益，促使他们达到一个最适合的合作态度，从而可以提升企业价值，也就提升了企业的交易价值。交易模式存在的关键就是为了不断地提升企业的交易价值，使企业能够让价值最大化，从而获得利益最大化。利益最大化是一个企业追求的最终目标。

提高交易价值强调的是各个利益相关者之间的合作。外包企业就是一个很好的例子。外包企业通常是具有核心技术的企业将非核心的产品加工部分外包给劳动力成本低的地区，从而使双方获利。对于企业来说，外包到劳动力成本低的地区，既不影响企业的正常生产，又能够减少交易成本，也就意味着企业利润的提高。对于劳动力丰富的地区来说，承接这种外包业务，可以解决当地劳动力过剩的问题，同时还促进了当地的经济发展。

这种双赢的结果就是交易价值提高的表现。

3. 不断降低交易风险

企业通过降低交易风险来达到完善交易模式的目的，从而提升企业的价值。随着信息全球化的发展，交易双方对信息掌握的不对称程度越来越小，这有利于降低双方的交易风险。

通过以上方法可以提高企业价值，完善商业模式。企业商业模式越好，企业所能够获得的可持续利益就越多，所以说企业的交易模式是企业价值决定的最终模式。

利益模式：解决分配的问题

在分析学习了上文的交易模式之后，下面我们来学习企业商业模式的另一个关键：利益模式。利益模式是负责解决企业利益分配问题的模式。

利益模式主要是将企业的利润以既定的方式和顺序分配给股东和相关人员的程序。一个好的分配模式，可以让企业发展壮大，为企业提供支持，也可以平衡企业利益相关者之间的利益关系。

企业的利润分配一般按照以下顺序。

1. 弥补往年亏损

企业往年的亏损，一般在 5 年内用税前利润弥补，如果超过 5 年还没有填补完之前的亏损，从第 6 年开始用税后利润继续弥补。企业获得的净利润，一般在纳税后会首先用来弥补往年的亏损。

2. 提取法定盈余公积金和法定公益金

按照规定，在弥补完往年亏损之后，按照税后利润的 10% 提取为法定盈余公积金。该公积金一般用于弥补亏损和扩大公司的再生产和转增资本。在提取盈余公积金之后，会将利润的 5%~10% 纳入公司法定公益金，一般用于企业职工的福利开销。

3. 支付优先股股东股利

企业在提取完法定盈余公积金和公益金之后，优先股股东首先享有股息分配的权利，一般来说，优先股的股东在购买优先股时就已经约定好股息的利率，并且优先于普通股股东的红利分配。

4. 提取任意盈余公积金

企业在提取了法定盈余公积金之后，可以通过股东会议决定是否提取任意盈余公积金和提取的比例。任意盈余公积金用于企业的扩大再生产。公司法规定，法定盈余公积金的提取不得超过公司注册资本的 50%，所以在超过之后，如果企业还想提取公积金，则被纳入到任意盈余公积金中。

5. 支付普通股股东股利

企业的税后利润在经过以上 4 个程序的提取之后，剩下来的利润则用于支付股东股利，一般以股息和分红的方式支付。

通过以上 5 个程序，可以保护相关利益者的合法权益，维持企业的稳定发展。而对于企业的利润分配，除了以上的顺序之外，还要遵循几个原则。

1. 分配要依法

企业收入的分配并不是由领导层决定的，要依法纳税，不逃税，不偷税，不漏税，并且根据相关的《公司法》规定，给利益相关者按顺序分配企业收益。

2. 确定投资与收益之间的关系

作为企业，必须清楚地知道利益的分配必须遵循企业投资者“投资多、收益多”的原则。分配利益的时候，投资者的收益大小应该和其投资的大小相对应，按比例分配。要兼顾各方利益，充分调动投资者和企业员工的积极性，在全局的观念下去分配利益。

3. 注意利益积累和分配的关系

企业的利润分配，应该站在长远的角度去考虑，不能够只顾当下，把利润全都分配给投资者，要考虑到企业的再生产活动和扩大再生产。首先要将企业的往年亏损弥补了，再进行分配，要将企业的长远发展放在首位，注意资本的积累。

华为在利益分配方面就做得很好。华为宣扬一种“利益均沾”的利益同体理论，华为一直在通过其自身的努力，让企业的股东、员工、合作者和消费者都能够满意。华为一直很看重合作者，无论是企业的供应商、销售商，还是各大研究机构、金融机构甚至最重要的政府机构，都是华为尊重和关注的利益相关者。

华为在利益分配方面有着独特的方式。华为深知供应商对于一个企业来说是十分重要的，所以华为公司通过对供应商加大让利力度，让供应商能够更好地为华为提供服务，这样就有利于华为生产链上各个环节的顺利进行。

而对于华为企业的内部员工来说，员工和企业的关系不仅仅是雇佣关系那么简单。华为作为一家非上市公司，通过实行员工内部持股计划，让企业员工和企业由一般的雇佣关系转变成了一种合作关系，这样一来既有利于充分调动员工的工作积极性，又能够让企业的利益不外流。华为通过与企业员工分享企业价值，很好地处理了企业内部的利益分配，有利于企业的长远发展和员工活力的激发。

这种对于各个利益相关者的“利益均沾”让华为在合作者、消费者和社会中都有着很好的口碑，华为的利益分配模式让华为能够对内稳定军心，对外友好相处，让华为企业能够越走越远。

通过华为的这个例子，我们知道了一个企业的利益分配模式的重要性，企业只有设立了一个很好的利益模式，按规定给各个利益相关者分配利益，坚持分配原则，才能够让利益相关者全心全意地为企业的发展作出贡献。企业只有解决了利益分配问题，才能够不断地完善企业的商业模式，为企业的长久利益奠定基础。

价值模式：今天、明天、后天

商业模式决定企业的价值，作为商业模式中的价值模式强调的是企业的今天、明天、后天所追求的不同。企业的价值越高，对企业的利益相关者的投资获利能力就越高。

投资从来都不是立竿见影的事情。作为企业来说，在今天进行投资，明天才能够得到成就，后天才能够收获利益。企业的投资能否走到后天，取得收获，关键在于企业的价值。企业价值包括：

1. 账面价值

企业通过公司的资产负债表反映出来的就是企业的账面价值。账面价值是通过对企业至今为止所创造的价值的变现。

2. 内在价值

内在价值是指企业对未来预期价值通过折现的方式得到的价值。通过内在价值我们可以知道企业在未来的发展潜力和企业的持续经营能力。

3. 市场价值

市场价值是指企业的资产此时在市场上所值的价格，是一个企业在并购过程中的定价标准。

4. 清算价值

清算价值是指企业的某项资产在企业停止经营并且进行清算时，以拍卖的方式出售的价值。

在了解了企业的各种价值之后，我们知道了对于企业来说价值的重要性，所以企业也应该知道如何去创造价值：

1. 提高企业的核心竞争力

企业的核心竞争力是保证企业持久发展的关键。企业的核心竞争力可以给企业带来持续稳定的增长，使企业能够在市场上具有独特的吸引力吸引消费者，让企业能够在市场上占有更加重要的地位。

海尔集团的发展就是一个很好的例子。作为中国名牌，甚至是世界名牌的海尔集团，有着很强的核心竞争力，尤其在企业文化和企业制度方面。海尔集团不断坚持创新，用高新技术在市场上为自己打下一片天地。海尔之所以能够成为世界名牌，是因为其坚持“战略创新”，不断推出适应市场发展的产品。在企业文化方面，海尔甚至有自身的海尔文化：以“创造一个属于自己的市场”为目标，坚持“用户永远是对的”的信念。这种文化促使海尔集团不断地进步，同时也让消费者体验到了完善的服务，扩大了企业的市场。

对于海尔来说，核心竞争力不仅仅是技术、人才上的竞争力，而且是通过自身的不断努力最终获得消费者认同。正是海尔的核心竞争力让海尔拥有了今天的地位。

2. 提高企业的利润

企业可以通过不断完善企业的生产、销售模式，减少生产成本，增大销售量，从而扩大企业的利润空间。企业还可以通过建立自主品牌，为消费者提供优质的服务从而得到消费者的认可，获得可持续的销售量，提高消费者的忠诚度，从而让企业的利润可以长久持续。

华润万家作为零售连锁企业已经遍布中国各大城市。华润万家除了销售商品之外，同时还建立了自有品牌，有食品类的“润之家”，主打生活用品类的“简约组合”，甚至还有服装类的“IF”。这些自有品牌以低廉的价格深受消费者的喜爱，虽然价格便宜，但是却有着很高的利润。这些自有品牌的出现同时也延伸了华润万家的产业价值链。在销售方式上，华润万家也开始了变革，通过进入网上购物还弥补了实体店的不足，扩大了销售市场，也为企业获取了更多利润。

3. 完善企业的运营机制

通过不断完善企业的运营能力，减少企业的运营成本，提高企业的运营效率。同时可以让企业的资金得到充分运用，有益于企业的扩大再生产。

当一个企业在不断创造价值的过程中，企业评估就显得十分重要。通过企业的价值评估，分析企业的市场价值，有利于企业正确认识自己对未来的收益能力。在市场中，一般通过以下三种方法对企业进行评估：

1. 通过企业的生产、运营成本来评估企业价值

这种方法是通过对企业的生产成本和运营成本进行加总，列出各项资产项目，减去企业的资产，得出企业的净利润，再加上企业的品牌价值和经济性耗损，最终得出企业的价值评估值。这种方法在我国企业的价值评估中经常采用。

这种方法的优点是：评估中只是将企业的各项资产价值相加而得出企业的评估价值，操作简单便捷，实际操作性强。缺点是：只是简单地将资产总和相加，并不能反映资产总和相同的不同企业之间的价值差异，并没有体现出企业的盈利性。

2. 通过企业的收益来评估企业价值

这种方法是将企业未来的预期收益通过折现的方法得出企业的资产价值，根据对企业的现金流和折现现金流的多少来判断企业的价值。强调了企业的未来收入，注重企业的可持续发展。

其优点是可以比较直观地反映出企业的现金流变化，从而很直观地看到企业价值的变化，可以反映出企业的内在价值。缺点则是对于企业未来预期收益的估算，要准确地得出数值是很困难的，企业的实际价值可能会与预期价值有一定的出入。

3. 通过将企业与标的企业相比较来进行评估

这种方法是通过一个确定的项目指标来对两个不同的企业进行对比。通过选定好项目指标，可以分别对不同企业的销售量、现金流、企业净利润等项目进行对比分析，从而评估出企业的价值。

其优点是可以就企业的单个项目对企业的价值进行分析，有利于企业看到自身的弱点，从而不断地改进，获得更大收益。缺点是这种方法是通过两个企业相比较而得出结论，由于不同企业与不同标的企业进行对比，所以得出的评估值只适用于两个企业之间，而不具有普遍性，不利于企业正确认识自身在市场上的地位。

以上三种企业的价值评估方法是国际通用的方法，但是仍然有各自的不足，企业应该依据不同的评估目的来选择不同的评估方法，从而提高企业价值评估的权威性。

总之，企业获取价值并不是一朝一夕的事情，企业必须在制订好计划之后，遵循价值模式，在今天投资，通过努力让企业在明天获得成就，最终在后天为企业带来巨大收益。

Part3 工具的颠覆：构架利益最大化的最优商业模式

- 最佳商业模式是如何设计出来的？
- 定位工具：商机、政策提前把握
- 盈利工具：找到你的盈利点
- 资源整合工具：利用你能利用的
- 业务维护工具：做与不做的利益分配
- 现金流管理工具：保证资金良性循环

九、最佳商业模式是如何设计出来的?

登上商业模式设计的金字塔

我们在上文中了解到了企业商业模式的重要性和商业模式的构成要素，下面我们来学习一下如何构架一个商业模式。

一个商业模式是否好，体现在商业模式能否准确地将企业做一个定位，同时是否达到了企业的价值要求。最佳商业模式是在定位、盈利模式、核心竞争力、建立业务系统、现金流五个方面进行完美排序和结合的模式。

作为企业来说，建立一个最佳商业模式就是建立一个金字塔结构的商业模式。金字塔结构有两种，一种是企业内部结构金字塔，另一种是企业营销模式金字塔，这两者都是商业模式的表现形式。

在商业模式中，企业运营模式的各个要素是有一定的排位的，也就是我们所说的金字塔排位。

1. 企业定位位于商业模式金字塔的底端

企业定位强调企业要确定目标客户群体，为企业的长远发展奠定基础。企业定位是对企业的产品品牌、消费者的需求和企业文化三者的结合。

企业对消费者的定位在于要知道消费者需要什么，应该为消费者提供什么服务和产品价值，哪些客户可以为企业带来长远利益。在价值的定位上，企业应该清楚要如何去获得利益，如何创造价值，要通过什么方式让企业价值最大化。

对于企业来说，并不能改变世界市场的发展潮流，但是可以通过企业定位来确定自身在市场上所扮演的角色。一个企业只有正确地定位自己，才能够根据定位制定相关的生产、创新和营销策略，从而获取企业利益最大化。

2. 盈利模式位于第二层

企业的盈利模式是通过对企业的利益相关者利益的合理分配，强调获取利益是企业的绝对目的。盈利模式包括很多。

广告盈利是企业为广告商提供广告服务，从而获取利益的一种盈利方式。一般来说，有报纸广告、媒体广告和网络广告等多种广告方式，不同的方式收费也不同。许多网站就是通过这种方式获取利益的。对于一个网站来说，一旦能够成为出名的网站，就可以通过网站巨大的点击量进行广告宣传，从而获取广告盈利。

收费盈利是企业通过向消费者收取费用，从而给消费者提供服务。百度的搜索引擎就是这样的一个平台，只要向百度缴费，就可以在被搜索相关词的时候出现在排序第一的位置，为其带来潜在的客户资源。

这样的盈利模式还有很多，如通过风险投资来获取盈利等。

3. 企业的核心竞争力是第三层

这也是企业对关键资源和能力的掌控情况。企业能否通过自身的能力来留住顾客，体现了一个商业模式的好坏。

企业核心竞争力可以让企业在严峻的市场竞争中占有优势地位。企业核心竞争力的核心关键是企业的核心技术能力，是别的竞争对手所没有的特点。一个企业如果掌握了核心技术，就可以在行业中处于领先地位，为企业带来绝对利益。

所以对于企业来说，核心竞争力可以保证企业在市场中的地位，可以为企业带来可持续的利益。核心竞争力是企业必不可少的一个重要因素。

4. 企业的业务系统位于第四层

一个企业的业务系统是与组织系统相对应的，是着力于解决企业外部问题的系统。一个好的业务系统可以通过结合企业的内部利益，很好地处理好外部利益，权衡好企业利益相关者的利益分配。

业务系统的运行，是企业生产经营活动必不可少的环节，企业只有拥有了一个好的完善的业务系统，才能够平衡各方利益，为企业带来平稳的可持续发展，才能有可持续的经济收入和利益。

5. 自由现金流位于最上层

企业的现金流关系着一个企业能否获得利益最大化。现金流是指一个企业在一段时间内现金的流入量和流出量。流入量是指企业在销售产品和短期借款等方式中所取得的现金收入数量。流出量是指企业为了生产和扩大再生产，在采购原材料、购买设备和偿还债务等现金的支出量。企业的可持续发展离不开足够的现金流的支持，现金流在企业的整个生产销售过程中起着非常重要的作用。

而作为商业模式的另一个关键，企业的销售模式也表现为一种金字塔型：底层的是低端产品，第二层的是中端产品，顶层的是高端产品。这种销售方式被许多企业青睐。下面让我们来看看这种模式。

1. 底层的低端产品

低端产品对于一个企业来说，是面向最普通大众提供的产品，依靠较低的价格吸引消费者，相较于中高端产品来说，产品的利润微薄。在市场上有其自身不可替代的地位和消费人群。

近年来，诺基亚的中高端手机的塞班系统被安卓系统猛烈冲击，诺基亚的中高端市场大受打击，但是低端手机市场却仍然完好无损。对于普通消费者来说，如果购买备用机或者老人机，诺基亚是最好的选择。一是因为诺基亚的品牌效应，二是诺基亚本身在低端市场的占有率很高，加上技术支持和诺基亚独特的抗摔因素等，让诺基亚在低端市场有很大的潜力。

2. 消费群体最多的中端产品

位于低端产品和高端产品之间的中端产品，是向没有足够经济能力购买高端产品，又不想买低端产品的人群提供的。这类产品的消费群体多是追求更新换代较快的年轻人。

对于年轻人来说，喜欢新鲜事物，所以不管是手机类的通信产品还是化妆品和护肤品等产品，都喜欢紧跟世界潮流。中端产品就是为这群没有太大的经济能力，又喜欢新事物的群体提供的。

不管是小米手机还是华为的荣耀系列手机，都是走中端产品的路线。这几款手机有着较高的配置，能够满足年轻人的需求，同时在价格上也远远低于高端手机，所以这类性价比超高的手机大受青年人的喜爱。中端手机市场的潜力是十分巨大的，随着手机的普及和功能的不断扩展，低端市场已经开始被中端手机抢占，我们相信，有着价格优势的中端手机未来潜力无限。

3. 象征地位和身份的高端产品

位于销售产品顶端的高端产品，实际上是一种身份的象征，已经不仅仅是产品，而是一种品牌。高端产品一般面向成功人士推出。从香奈儿到爱马仕，不仅仅是高端产品的代表，更是奢侈品的代表。消费者购买这些追求的不再是使用价值，而更是地位和品质的显示。

苹果公司的所有产品，一直是以一种高端产品的模式出现在人们的视线中，苹果产品中，无论是手机 iphone、平板电脑 ipad 还是一体机电脑 iMac，都是高端产品的代表。其高昂的价格和高新技术让苹果在市场上稳居第一。购买苹果产品已经是作为一种身份的象征被人们所推崇，这也是苹果产品大热的原因。

作为全球高档化妆品品牌的巨头，雅诗兰黛是化妆品界的高端产品。相比较于宝洁公司和欧莱雅集团走高中低端全方位路线，雅诗兰黛则坚持只走高端市场，通过对高端人群提供专属服务和对其自身高端产品的准确定位，让其高端产品的口碑越来越得到认可。同时，其品牌效应让越来越多的白领人士开始关注，为雅诗兰黛获得了更大的消费群体市场。

这类高端产品是企业利润的主要来源，也是企业打造品牌的关键之处。

对于企业来说，如果可以同时推出高端、中端、低端三种产品，就能够很好地面向市场所有消费者，不会遗漏任意一方面的消费者，有利于企业利益的最大化。

近几年随着移动终端市场的发展，各大通信设备制造商开始卯足全力占领市场。作为近几年大紫大红的韩国品牌手机三星来说，如何趁热打铁，占领更多的市场是当下最重要的事情。

作为通信企业，华为也涉及手机的研发和生产，凭借其在通信设备市场的地位，华为已经成为了继苹果公司和三星公司之后的第三大智能手机厂商。在近几年，抓住了智能手机的发展趋势，完成了作为国产机在全球智能手机上的一个华丽转身，打破了国人对国产机不重视的观念，让国产机站上了国际的舞台。

而华为手机能够有今天的成功，与其对自身产品和消费者的定位有着十分大的关系，华为公司通过设计一个手机产品的金字塔，针对不同的目标消费者群体，占领了手机行业的高中低端全方位市场，为华为手机的发展打下了扎实的基础。

华为手机产品分为三个系列，分别针对的是高中低端市场。Ascend 系列是针对高端市场推出的手机，包括 P 系列和 D 系列，P 系列推出的是高端时尚手机，D 系列推出的是超高端旗舰手机，是华为的最高端手机，拥有华为的尖端技术。中端市场则是 Honour 系列，以高性能低价格的特性，得到了许多消费者的推崇。Gold 系列则主打低端市场，以价格低为标签，也拥有了一大群消费群体。

华为通过推出高中低端手机，成功地占领了中国市场乃至世界市场，改变了人们对中国产品的看法和偏见，成为了市场占有份额第三的手机企业。

不管是企业的运营模式还是盈利模式、企业的产品划分模式，都是企业的商业模式。这种金字塔型的商业模式，让企业能够有一个明确的规划，从而使企业能够向利益最大化前进。企业只有登上商业模式的金字塔，才能够与时俱进，通过符合自身实际的商业模式，让企业得到可持续的发展。

成功的商业模式地图

在学习了商业模式的金字塔构造之后，我们知道了企业定位、盈利模式、核心竞争力、业务系统和现金流对于商业模式的重要性，也知道了对于企业来说，掌控住高端、中端和低端市场，才能够让企业得到长远发展，获取最大利益。

那么作为一般企业，要如何拥有一个成功的商业模式呢？下面让我们来看一下成功的商业模式的地图，看看企业应该怎样走向成功。

对于商业模式的设计，一般有两种方法。

1. 参考其他企业商业模式

这是设计商业模式中操作最简单的方法，通过将其他成功企业的商业模式作为参考，结合自身企业的特征，对参考模式进行少部分的修改，从而设计出符合企业自身的新商业模式。

这种方法设计出来的商业模式，适用于大部分的企业，既结合了大部分企业的实际，又参考了成功企业，最终的新商业模式是有利于企业发展的。但是也不排除有些企业没有正确地结合自身实际，只是单纯地照搬照套，这样的新商业模式与企业实际不符，是不可能成功的。

2007 年创立的七天连锁酒店就是学习了如家快捷酒店的商业模式，将消费者市场定位在经济型酒店，旨在为顾客提供一个舒适的环境，从而满足客户的需求。随着七天连锁酒店在纽约证券交易所上市，“七天”所获得的大量融资让“七天”快速成长，成为了中国经济型酒店的一大巨头。

2. 结合多种商业模式

这种商业模式的设计是通过提取出几个商业模式的优点，然后，重新组合在一起形成企业新的商业模式。

这种新的商业模式结合了多方优点，但是别的企业的优点不一定对自身企业有用处，所以这种简单地挑选出商业模式的优秀环节组合在一起的模式，并不一定适用于本企业。这种模式应该在结合自身实际上做到更好。

腾讯的成功史告诉我们，要向成功的企业学习。腾讯的主营业务是腾讯 QQ，而腾讯 QQ 的模式在最初是模仿 MSN 和 ICQ 而创造出来的。腾讯 QQ 通过结合 MSN 和 ICQ 模式的优点，让 QQ 的起步就建立在 MSN 和 ICQ 的成功基础上，这大大地保证了腾讯 QQ 的发展潜力。而腾讯 QQ 并没有局限于这两者的商业模式，而是选择对其赋予了中国文化，让中国用户能够更简单操作。

不管是参考企业商业模式，还是结合多种商业模式，新创造出来的商业模式必须要从自身的实际出发，确定好自身的定位，在实践中不断地试验和完善，随着时代的发展和企业的发展去调整企业的商业模式，使其与企业相适应。

在了解了商业模式的设计方式之后，我们还需要知道商业模式设计的步骤。

1. 企业要有准确的定位

作为企业来说，设计一个商业模式，首先要对企业的产品、消费群体和目标市场进行定位。消费群体是企业利润的来源，只有对消费群体进行很好的定位，才能够生产出符合消费群体需要的产品。

凡是能够准确地对企业进行定位的，就能够比较快捷地找到一个为客户、为企业创造价值的方法。所以对于设计商业模式来说，定位是企业首先要做的事情。

中国民族企业加多宝集团，其主要的销售产品是加多宝茶饮料，这种茶饮料让加多宝成为了中国凉茶行业的领先品牌。加多宝依靠其天然纯中草药配置秘方，以一种清凉甘甜的口感给消费者带来了清热去火的功效。与一般企业想要将产品做大做强，进行多元化的观念不同，加多宝主张以单一的品牌和包装维护自身在市场的地位，加多宝将企业的定位放在凉茶饮料上面，而不是在品牌打开之后创办出其他的饮料。

加多宝通过将自己定位于凉茶品牌的高端市场，并且以其去热降火的功效让消费者记住了加多宝，为加多宝奠定了群众基础，同时也为中国凉茶开启了一条新的道路。

2. 企业要不断完善产品的相关质量

产品质量的好坏决定了消费者是否会二次购买。对于消费者来说，购买的不仅仅是产品本身，还有产品所附带的各种服务，包括售前和售后服务。

企业要获得利润，就要不断完善产品的相关质量和服务，知道消费者要的是什么，要不断地为企业和消费者创造价值，只有这样，才能够让企业在严峻的市场环境下不断成长。

在中国，“国产手机”一直被定义为“山寨”和“劣质”产品，但是近几年来，中国自有品牌手机却大放光彩，从中兴手机的兴起到华为成为全球第三大通信设备商，都让中国手机从“山寨”发展到“名牌”。这一变化离不开企业对产品质量和技术水平的提高，通过对产品的不断完善从而提升产品的质量，还为消费者提供了一个完善的售后服务，让消费者对国产产品重新拾回了信心，也有利于企业的长远发展。

3. 企业要学会构建一个好的企业价值链

企业价值链是设计商业模式的一个关键内容，企业价值链决定了产品的生产能够为企业带来多少价值，也就能带来多少利润。价值链可以为企业控制成本，扩大利润空间。

构建和完善企业价值链，对于企业的生产、经营、销售活动有着重要意义。好的企业价值链，才能够为企业带来更多的利润，让企业能够长远地发展下去。

苏宁电器的成功在某种程度上来说要归功于苏宁电器的一个优秀的企业价值链。苏宁电器通过对企业价值链进行信息化升级，对企业价值链上的各个合作商都有积极意义，有利于合作商之间的信息交流，减少交易成本。

同时，苏宁电器通过建立一个信息系统，将企业的上下游价值链的信息都输入到该信息系统中去，通过这个系统达到提高企业工作效率和减少企业交易成本的目的，还可以及时反馈企业的存货信息，加强了苏宁电器与供应商之间的交流沟通，使业务操作更加简单便捷。

对于消费者，苏宁电器通过和各大银行合作，建立了一个网上购物平台，消费者可以通过网上在线支付的方式在苏宁电器购买商品，同时还建立了消费者信息库，为老顾客提供一个优惠服务，这一举措为苏宁电器吸引了更多的消费者。

苏宁电器对企业价值链的完善，让苏宁电器在整个货物采购和产品销售的过程中都十分便捷，方便了各个利益相关者，让消费者能够愉悦地购物，让供应商能够开心地供货，让苏宁电器能够获得更多的利润。

4. 企业要构建一个好的业务系统

商业模式的设计少不了业务系统，业务系统体现在生产业务、销售业务等各个方面。构建一个好的业务系统可以准确地知道企业未来经营活动的方向，企业就可以不断地朝这个方向前进，同时也有利于提高企业的工作效率。

苹果公司依靠其优秀的高科技，对企业的产品进行全面控制，无论是产品的外观设计还是内部功能、硬件设备以及软件程序，甚至是操作系统，苹果公司都一手包办。在这种完善的业务系统下，苹果公司的产品就不会受到其他供应商的资源限制的威胁，能够一切按自己的想法进行。

当然，苹果公司的产品并不是全部都由自己生产的，该公司通过对产品的技术性和重要性分析，将产品分为自主研发部分、外包生产组装部分和企业合作生产部分。苹果公司通过控制技术的核心部分，从而获得一个可持续的巨额利润，同时将非核心技术的产品以低廉的价格外包出去，既可以减少苹果公司的生产成本，又可以让苹果公司专注于技术研发，研制出新的高科技产品。

5. 要保证足够的现金流

足够的现金流对于企业发展有着举足轻重的作用，现金流可以用于企业的生产和扩大再生产。同时，企业可以利用未来现金流，通过金融工具进行投资，以最少的成本获取最大的利润，这也是企业建立一个好的商业模式的最终目的。

贵州茅台作为“世界三大名酒”之一，已经成为中国酒业的代表，获得了 14 项国际金奖，拥有很大的成就。而贵州茅台的成功并不是偶然的，我们通过分析贵州茅台近 10 年的营业资金和现金流，发现该企业拥有巨额的现金流，正是这一特性，让贵州茅台走到了今天的地位。

由于贵州茅台拥有大量的现金流量，可以很好地保证企业股东和各大利益相关者的利益，充分调动相关人员的工作积极性，同时还可以让企业进行投资生产，有利于企业的高速发展。贵州茅台的大量现金流可以让企业做任何自己想做的事情，也成就了今天的贵州茅台。

商业模式也从来不是固定的，时代在发展，技术在更新，企业模式也要不断地完善。一个成功的商业模式的地图不会是一成不变的。企业要想成功，就要不断地更新商业模式，让商业模式与时俱进，符合企业发展的实际。当企业发展到一定阶段之后，就要开始对企业的商业模式进行调整，商业模式的调整要着力于以下的发展。

1. 企业的多元化投资

企业发展离不开投资，特别是当企业发展到一定阶段，有了充裕的资金之后。多元化投资有利于企业分散投资风险，扩大自身的业务系统，增加收益，这是企业发展与时俱进的一个趋势。

企业多元化的投资要注意的问题是，涉及的范围是自身业务会触及的领域，这样既可以对自身业务进行深度开发和宽度扩展，加大业务系统之间的关联，又可以获得投资利益和相关业务的支持。而如果选择领域外的行业，容易因为没有相应的知识而导致投资失败，投资风险过大。

2. 延伸拓展企业的价值链

对于企业来说，价值链的延伸十分有意义。企业的价值链是企业创造利益和价值的核心，如果企业延伸了价值链，也就理所当然扩大了企业的利润空间。

企业价值链的延伸有三种方式：

第一种是横向延伸。横向延伸是指扩大企业在同类产品中的价值获取，在同一个价值链上的各个产品以一种竞争关系存在。这种横向延伸的价值链，有利于减少竞争对手对企业的威胁，能够更好地实现有效资源配置，获取更多价值。

第二种是纵向延伸。纵向延伸是将企业产品往产品的上下两端扩展，从而优化企业价值链，提升企业的核心竞争力。

纵向价值链是将产品的原材料供应商和产品的销售合并起来，减少企业的生产和销售成本，从而扩大企业的利润空间，同时也扩大了企业的现金流量，让企业的资金和资源得到了充分利用。

第三种是横向纵向相结合的价值链延伸。这种延伸方式对于企业的资本要求比较大，但是一旦成功地完成了这种延伸，企业的发展无论是在深度上还是在宽度上都能够更上一层楼。

不管是从商业模式的设计方法上，还是模式的设计要素上，这都是企业要拥有一个成功商业模式的地图。只有按照这些方法去走，企业才能够设计出成功的商业模式，才能够最终走向成功，而企业的成功就会为企业带来长远的利益。

商业案例评析

佳能与施乐模式的启示

佳能与施乐在复印机领域的竞争值得所有企业人思考。

施乐在20世纪50年代曾经是一个企业巨人，它最初将复印机推向市场的时候曾引起了很大的轰动。与当时其他的复印机相比，施乐推出的复印机更加清楚、快速和环保，于是施乐马上就占领了复印机市场。

但是施乐却并不看重企业的技术发明和创新，一心只关心复印机给企业带来的利润，只通过专利保护和复杂的技术维护现在的地位。施乐坚持利润最大化的定价原则，将企业的生产和营销模式的每一个环节和功能都强调利润的最大化。最后施乐也被自己的高价格所困死。

而在此时出现的佳能，以施乐为案例，通过分析确立了自己的市场定位。佳能通过开发研究自己的复印技术，推出了一种体积小不占地方的、操作简单的、价格又十分低廉的复印机。同时，佳能知道在实力上自己并不能与企业巨头施乐抗衡，于是佳能在推出该小型复印机之前，与当时的日本大型企业东芝的十几个企业结为联盟。这些企业与佳能合作，推出一系列针对施乐的对策。施乐针对公司企业推销复印机，而佳能则针对个人家庭和非技术人员销售，佳能瞬间占领了小型复印机的市场。

施乐和佳能二者相比较，佳能的优势就逐渐显露出来了。

施乐的复印机是大型复印机，由于高昂的价格，所以一般一个企业只购买一台复印机。这种情况下就不方便各个部门的工作了，一个企业一台复印机容易造成企业的资源紧缺。

相对于施乐的大型复印机来说，佳能推出的小型复印机就显得方便很多。由于体积小、价格便宜，企业采购时可以给每个部门都采购一台复印机，这样既提高了企业各个部门的工作效率，又减少了企业的成本。同时还有利于企业高层机密文件安全性的提高。

1. 掌握技术同时打造健全模式

在传统经营理论上，一个企业如果掌握了核心技术，就意味着它能够在市场竞争中占绝对优势。但是，如果一个企业只有技术却没有一个健全的、与时俱进的商业模式，企业也无法得到发展。因此，企业在掌握核心技术的同时，还应不断调整自己的商业模式，使其逐渐完善、健全，这样才能保障企业健康、有序发展。

2. 后来者居上

市场上有一种规则叫做先到先得，越是先占了市场的企业越能够依靠其知名度去占领市场。但是施乐和佳能的案例告诉我们，市场还有一种规则叫做后来者居上。作为该行业的后来者，可以通过分析行业引领者的优点和不足，学习其优点，修正其不足，从而创造出更加符合人们需要的产品，占领市场，实现后来者居上。

十、定位工具：商机、政策提前把握

如何在政策中把握商机?

对于一个企业来说，商业政策的重要性不言而喻。企业的发展除了受到经济的影响，还会受到政治因素的影响。国家政策的转变在很大程度上决定着商业模式是否可行，所以说，在政策中把握商机，显得尤其重要。

不管是在改革方面，还是在商业模式的改变方面，政策对于企业的发展都有着极大的影响。

1. 改革开放初期

20 世纪 70 年代末 80 年代初，中国刚刚开始实行改革开放，一些并没有太多专业知识的个体户纷纷下海经商。也许正是他们这种无知无畏，让他们抓住了中国改革开放的第一批商机，成为中国首先富裕起来的一群人。

在那个市场经济制度不完善的时期，特别是珠三角地区，大力引进香港企业，投资规模迅速发展起来，而这让下海经商的个体户大捞了一笔，逐渐建立起了更大的企业。

这些企业的发展与中国改革开放政策的实行有着不可分割的关系。

2. 社会主义市场经济体制的实行时期

1993 年，我国提出了社会主义市场经济体制改革，通过对国企进行深化改革，让企业能够进一步发展。政企分家之后，企业有了很大的决策自主权。国企深化改革后开始实行按劳分配，有利于充分调动企业员工的积极性，提高企业的生产效率，有利于企业利益的提高，同时还可以促进经济的发展。

这次改革，明确了要建立一个适应社会主义市场经济要求的、效率不断提高的现代企业制度，具有划时代的意义。

3. 国企改革的深化发展时期

2004 年中共中央决定，继续实行国企深化改革，包括对企业资产管理方式的改革和资本市场的改革。这次改革着重于对企业管理制度的完善，对权利进行了重新分配，相关利益也进行了调整。

在这种企业的深化改革中，鼓励企业上市，有利于企业实力的提升和对外融资。这次改革有利于企业的资产重组和资金的有效流动，推动了企业的发展，促进了社会经济的发展。

政策除了对企业改革有着重要影响外，对企业的创新和技术提高也有推动作用。

1. 科学发展观

在十六届三中全会上，明确地提出了以人为本，全面协调可持续发展的科学发展观。科学发展观的贯彻，对于企业来说是有百利而无一害的。

在这个市场竞争激烈的环境下，企业要想得到很好的发展，必须坚持科学发展观，转变企业的盈利方式，改变企业过去的劳动力密集型和资源密集型的生产方式。坚持科学发展观，通过提高企业的技术能力从而提升企业的生产效率，节约资源，让企业发展可持续。

2. 绿色环保观念

为了保护我们赖以生存的地球，我们必须抛弃过去企业的生产模式，实行节能减排的生产方式，拥护国家节能减排政策，为保护环境，节约资源作出贡献。

过去的生产方式中，企业虽然创造了价值，同时却浪费了大量的资源，破坏了环境的平衡。由于世界环境问题日趋严重，节能减排已经成为企业的社会责任。企业节能减排不仅仅可以保护环境、节约资源，同时还可以提高企业自身的核心竞争力，促进企业的发展。

3. 家电下乡政策

2008 年，我国财政部和商务部宣布推行《家电下乡推广工作方案》，通过政府财政支持和政府补贴，让家电能够以较低价格进入到农村百姓的日常生活中。家电下乡政策的出台，不仅对农村户口的百姓来说是一个优惠，而且对于国家来说有利于扩大内需，同时对于企业来说有利于产品升级。

家电下乡政策，让中小企业的产品销售量大大增加，对企业生产有着积极的促进作用。在次贷危机影响下，经济不景气，家电下乡的推行扩大了国家内需，也帮助企业走出了困境。农村人口这一大消费群体需求的拉动，可以保证企业的正常运行，也就保证了就业岗位的提供，有利于国家稳定。与此同时，家电下乡政策还有利于我国进行产业结构升级。

4. 引进外资

我国为吸引外资，出台了一系列的文件，通过在税收方面的优惠来吸引外资。在我国各种税收优惠政策中，外商投资企业所享受的税收优惠是最多的。

这种优惠主要是为了吸引外资。税收优惠中规定，如果一个外资企业的经营期达到了 10 年，那么在企业开始进入获利时期的前两年实行免费制度，第 3 年开始实行减免一半税收直到第 5 年。而对于在经济贫困地区的外资企业，除了前 3 年的税收优惠之外，还能够在未来 10 年依旧获得相应比例的税收优惠。

这些政策优惠对于外企来说无疑有着很大的吸引力，在这些政策优惠下，许多外资企业到我国进行投资。对于投资商来说可以减少企业的经营成本，而对于我国来说有利于引进外资，为社会提供工作岗位，促进了我国经济的发展。

5. 鼓励大学生创业

我国近年来推行的创业政策中，有一条是为鼓励大学生创业而推出的：大学生创业免税 3 年。

现在我国的就业问题已经越来越严峻，对于刚毕业的大学生来说无疑是一个很大的压力，所以我国鼓励大学生创业，既可以解决大学生就业问题，又能够为社会提供一定的就业岗位，同时还能够促进我国经济的发展。

由于大学生接受过高等教育，文化水平和专业素质比较高，大学生可以选择的创业项目非常多，大学生独有的激情和创造力是创业的保证。

在鼓励大学生创业方面，除了税收优惠政策外，在信用贷款方面和租办公场所方面都给予了很大的扶持力度。所以对于大学生来说，要学会利用我国的政策优惠，在政策中把握商机，大力实践创业，通过创业来获取更多利润。

一个国家经济的发展离不开政策的支持，所以一个企业要想得到很好的发展，就要不断地把握国家的政策，跟着国家政策去运营企业，把握住企业发展的商机，让企业能够得到可持续的发展，在政策的支持下，获得更多的利润。那么作为企业来说，要如何把握政策呢?

1. 加强企业与政府的正常交流，通过合法的途径把握政策

企业可以充分利用一些活动和制度与政府官员进行交流，从而影响政策的制定和推行。企业可以通过组建一个行业之间的联盟或者组织，联合起来与政府进行对话交流，提出自己的看法，有利于政策的制定和推行更加顾及到多方利益，也有利于政策的顺利推行。企业可以通过这种加强企业和政府交流的方法，达到提前把握政策的目的，从而使企业可以制定出一系列的应对措施。

企业可以通过很多途径去影响和把握政策，但是都必须是合法的，不能够通过贿赂等方式去影响和改变政策的推行。企业必须以一个透明公正的方式参与到政策的把握中去，一旦企业通过不正当的手段获取利益，当各个利益相关者发现之后，就会降低企业的社会道德印象分，不利于企业的长远发展。

2. 企业要有自己的原则，与政府保持一定距离

企业的发展离不开政策的支持，但是企业也应该与政府保持一定的距离。距离过于疏远不利于企业第一时间把握政策的新动向，不利于企业在新政策下抢先进入市场。但是企业与政府也不能过于亲密，过于亲密会让企业的行为受到政府的干预，不利于企业的长远发展。

对于企业来说，与政府保持一定的距离，有利于企业从政府得到资金支持和政策上的优惠，抢先进入市场，从而提升企业的市场竞争力。

定位前找到独有价值

企业的发展离不开消费群体，企业只有确定了消费目标群体，才能够最大化地满足消费者的需求，从而为企业带来利润。

在企业的发展过程中，商业模式尤为重要，而企业定位则是建立商业模式的基础。那么对于企业来说，怎样的定位才是最好的呢？当然是能够为企业带来长远可持续的价值了。

我们在上文中已经学习了企业定位对于设计商业模式的重要性。所以企业在定位前找到一个企业独有的价值显得十分重要。一个独有的价值可以为企业留住客户，将短期客户变为长期客户。

企业在定位前找到一个独有的价值，有利于企业提高自身的市场竞争力。那么企业怎样找到其独有价值呢？

1. 根据消费者需求找到

近年来，我国的食品安全问题越来越严峻，所以对于消费者来说，最关心的莫过于食品安全问题，为了购买到天然无公害的食品，人们不惜高价抢购。

“壹号土猪”的出现，正是抓住了消费者的这种心理。这个由北大毕业生创立的“壹号土猪”走进市场，走向了普通市民的餐桌，并且一发不可收拾。“壹号土猪”的价格比一般的猪肉要贵将近一倍，但是仍然十分受消费者的欢迎，这是为什么呢?

“壹号土猪”继2008年获得了广州地区颁发的“最佳肉质奖”和“最佳风味奖”之后，2009年获得了无公害产品认证。因为其无公害性，让消费者十分放心，所以即使价格昂贵，许多消费者也愿意购买。

“壹号土猪”宣称是天然无公害猪肉，相较于一般猪肉，肉质更加优良，肉质的口感也较好。“壹号土猪”的生长周期长，饲料使用少，并且采取野外放养方式，猪本身的抵抗力也比较强。而这种猪的放养地方也被评为“无公害产地”，各种无公害的标签让“壹号土猪”身价暴涨。在这个食品安全没有保障的时代，这无疑是一个收买消费者人心的有效手段。不管是从肉的口感上还是肉的健康程度上，消费者都十分认同“壹号土猪”。

“壹号土猪”之所以受到大众的喜欢，是因为企业知道消费者需要安全的食品，“安全无公害”也正是“壹号土猪”相比于其他猪肉的特有价值所在。“壹号土猪”创始人陈先生在对企业进行定位之前，就已经抓住了“天然无公害”这一特有价值，从而将企业带领上一条快速成长的道路。

2. 根据消费者心理找到

企业产品的生产就是为了满足消费者的需要。

以苹果手机作为例子，其品牌效应首先就满足了消费者追求品牌产品的心理。苹果手机的成功，离不开其高新技术和稳定的操作系统。苹果的高新技术让苹果在通信市场上拥有核心技术，这种核心竞争力让苹果能够稳坐通讯行业的榜首。

而消费者对苹果手机所彰显的品味和社会地位更加重视。这也是消费者的从众心理，这在紧跟世界潮流的青少年消费者身上尤其明显。苹果产品的高价格让其产品被冠上了“高端”的名号，也正是如此，越来越吸引着“渴望成功的人士”去购买其产品。

苹果根据消费者的心理，找到了其自身产品的独特价值——地位的代表，所以苹果一直都是占领高端市场，从不涉足中低端市场，这是因为苹果公司要通过保持自身高端产品的地位从而保证自身的利润最大化。

3. 通过入乡随俗的方式达到

肯德基作为美国的连锁快餐店，主要出售快餐食品，包括汉堡、炸鸡、饮料等。

2010 年，肯德基在中国的各个连锁店开始推出豆浆油条作为早餐。同年，也开始推出符合中国人口味的米饭。而在 2002 年，肯德基就已经开始在中国范围内提供早餐粥。以上这一系列的中国化，让肯德基这一“洋快餐”开始向“中式快餐”转变，且不说味道是否正宗，至少在很大程度上扩大了消费者人群，增加了肯德基的企业利润。

肯德基在进入中国市场20年之间，一直在不断地调整自身的市场定位，从“洋快餐”到“中国式快餐”，开始了一个入乡随俗的变化。这种变化对于肯德基商业模式的调整有着积极意义，企业在新的定位之前就已经确定了“中国化”可以为肯德基带来更多利益。这也算是肯德基在转变模式之前，定位之前就确定的一个入乡随俗吸引消费者的特有价值。

以上的三种方式，都让企业找到了自身的特有价值，从而在市场上有着不凡的成绩。企业在定位前找到自身特有的价值，是十分关键的一件事情。企业的重新定位，有一个问题是最需要解决的，就是要解决以前不能解决的问题。

一个企业在重新定位、建立新的商业模式之后，应该解决之前模式不能解决的问题。

苏宁电器最初的商业模式是通过实体店来运营的，其商品涵盖了家电、日用品、书籍等各种综合产品，是中国最大的商业连锁企业之一，在全国有1700家实体店。其商品多为中高端产品，产品品牌多，质量好，价格合理，并且通过实体店的展示有利于消费者的全方位体验，有利于满足顾客的各种需求。

2011年，苏宁电器决定进入网上购物领域，成立了苏宁易购网站，将网络购物和实体店销售同时进行。网购的出现，为没时间逛实体店的消费者提供了很大方便。消费者可以通过分类和关键字搜索，搜索出自己想要的产品，还能够与同类产品进行对比分析。这种购物方式可以让消费者不出门就购买到自己想要的产品，并且可以送货上门。

互联网的发展，让越来越多的消费者喜欢通过网购来满足自身需求，苏宁易购的出现，改变了过去苏宁电器只在实体店销售的方式，通过网上销售，扩大了销售渠道，同时也为企业带来了可观的收入，解决了之前忽视部分消费者群体的问题。

对于企业的发展来说，商业模式起着关键作用，而商业模式建立的基础就是商业模式中的定位。企业要找到一个好的定位，在定位之前就要发现企业的特有价值，只有发现了企业的特有价值，才能让企业有一个与众不同的定位，才能够让企业在市场上有着独特的竞争力。只有这样，企业才能够不断发展，不断获取更高利润。

定位时找到顾客真正需求

一个好的新商业模式需要颠覆传统的商业模式，而新商业模式的建立需要对企业进行一个准确的定位，我们在上节中已经学习过了在定位前要怎么做：企业要找到一个自身特有的价值，从而对自身进行定位。在这一节中，我们接着学习企业在定位时要怎么做。

企业定位时，关键是要找到顾客的真正需求，从而企业才能凭借这个去生产出符合消费者需要的产品。

那么在定位时，企业如何找到顾客的真正需求呢？

1. 确定目标客户群体

对于一个企业来说，在创办初期，定位企业产品的目标客户群体是十分重要的。确定企业产品所面向的是哪些群体，可以为企业找到一个准确的切入点，让企业能够迅速进入市场。而在企业发展的中后期，企业进入到了稳定发展阶段，企业的市场影响力也逐渐变大时，企业可以开始考虑扩大目标客户群体，从而拓展企业的市场，获取更多利润。

凡客诚品在创办初期的定位是男士服装，针对男士不喜欢逛百货商场的特性，为男士提供了一个方便快捷的购买服饰的方式。而相对于女士来说，男士服饰款式少，并且男士对服饰的挑剔程度要远远低于女士，容易满足男士的要求，得到消费者认可。所以凡客诚品在进入市场的起初阶段，通过专业销售男士服饰获得好评。

而当凡客诚品发展壮大之后，就开始进入女士服装市场，在扩大目标群体之后，利润也随之得到了扩大。凡客诚品的成功就在于开始时对目标客户群体的正确定位，如果凡客诚品开始时将所有群体作为目标，那么销售的产品就会变得杂乱无章，就不能在短时期内获得最好的评价。这就是正确定位目标群体的意义。

2. 区分不同的目标群体

一个好的企业，在有足够的能力的时候，就要学会将消费者划分群体。不同的消费者有不一样的需求，就像产品市场划分高端、中端、低端产品；消费者也可以划分成老年群体、中年群体、青少年群体和儿童群体。

针对不同的消费群体，提供不同的产品，是企业成功的关键。因为没有产品可以同时满足所有人群的需要，所以企业在有足够能力的时候，应该用不同的产品，满足不同群体的需要。

针对不同的消费者群体，宝洁公司推出了洗发水五大天王：飘柔、海飞丝、伊卡璐、沙宣和潘婷。五大天王有各自的并与其他产品有很大不同的特点。同为宝洁公司的旗下品牌，却分布在不同领域，不互相竞争，共同携手，将宝洁推向市场的顶端。

飘柔主打柔顺。自从飘柔于1989年进军中国市场以来，经过20多年的发展，已经在消费者心中奠定了基础。飘柔针对东方女性对柔顺头发的追求，不断地给消费者提供柔顺升级，让消费者能够以一个自信的心态去生活。

海飞丝主打去头皮屑。海飞丝洗发水通过应用抑制头皮生长的因子，从根本上减少了人们的头皮屑，修复头皮。海飞丝强调的是对头皮的养护，倡导用户以一种情愫去面对生活。海飞丝在所有消费者群体中，牢牢地留下了“去屑”的标签。

伊卡璐宣扬回归大自然。伊卡璐通过给消费者提供一个天然的环保的美发产品而得到消费者的高度赞扬。特别是其香味，让人难以忘怀。其草本精华系列更是让人沉浸其中，享受芬芳。

沙宣主打时尚。沙宣通过树立一个专业的洗护头发的形象，不断地创新，让消费者做最喜欢的自己，找到最绚丽夺目的自己。

潘婷主打修复。现代的人们都喜欢去烫发染发，这也给我们的秀发带来了很多损伤，这时候潘婷出现了，潘婷通过其修复受损秀发、呵护秀发健康的特点，得到了大众的喜欢。潘婷给秀发带来了活力和新生，也给消费者带来了好心情。

宝洁通过这洗发水五大天王，占领了洗发水市场的大半边天。宝洁公司通过对不同的消费者进行定位和划分，针对不同消费者提供不同的服务，从而满足所有消费者的需求。当然这是在有足够的资金情况下才能完成的，这种全方位定位让宝洁立于不败之地。

3. 定位要把握好消费者的隐性需求

隐性需求是指消费者隐藏起来的没有对外提出的或者是消费者自身也不清楚的需求。这种需求通常需要通过企业产品来引导消费者，从而激发消费者的需求。这种隐性需求需要企业不断地分析和挖掘，从而最大限度地满足消费者。

挖掘消费者的隐性需求，需要企业不断地研究客户，站在客户的立场去思考客户的需求，最大化地挖掘客户隐性需求，也就是最大化地挖掘企业产品自身的成长空间。

天地壹号，作为中国企业自己研配出来的醋饮料，开始走上了中国人的餐桌。作为一种醋饮料，天地壹号凸显的是客户的显性需求，而天地壹号苹果醋的功能却是消费者的隐性需求。天地壹号苹果醋宣扬的是一种“醋文化”，将喝醋添加到人们的日常生活之中，成为人们吃饭休闲必不可少的一种饮料。天地壹号苹果醋含有多种矿物质，能够为人们补充氨基酸成分，同时，其酸性还可软化人们的血管，增强人体抵抗力，改善人们的消化系统，甚至可以排除体内毒素，调节内分泌，起到护肤的作用。这一系列功效都满足了消费者的隐性需求。

天地壹号苹果醋以醋饮料存在于市场，却又给消费者提供了许多额外的功效：对于小孩子来说，可以助消化，促进吸收，让小孩子能够更加健康成长；对于男性消费者来说，以苹果醋代替酒出现在餐桌上，无疑是一件好事；对于女性消费者来说，其排毒功效和美容功效深得女性消费者的喜爱；至于长者，苹果醋可以软化血管，可以让长者减少动脉硬化等疾病的发生概率。

天地壹号成功地挖掘出消费者的隐性需求，同时也满足了消费者的这种隐性需求，为天地公司获取了利益，也开启了中国的“醋饮料”市场。

对于一个企业来说，定位时找到消费者的真正需求是设计商业模式的基础和关键。产品只有满足了消费者的各种需求，才能实现其真正的价值，为企业获取最大利润。企业通过独特的市场定位，可以让消费者对商品留下一个深刻的印象，同时还可以为企业提供独特的市场竞争力，为企业提高市场占有率和开拓新市场指明方向。

必要的二次定位

对于一个企业来说，定位是十分重要的，但是企业是不断发展的，所以企业的定位也不是一成不变的。企业只有根据其自身的实际情况不断修正定位，才能够保持企业的优势。这种修正定位的方式我们称之为“二次定位”。

二次定位是指企业对自身产品和对企业本身进行一个新定位，企业进行二次定位的原因有很多。

1. 企业产品原定位不正确

如果一个企业在将产品生产、销售到市场之后，并没有得到预期的反应，就要对企业的市场和产品进行分析。

当这是由于企业的原定位不正确导致时，就应该推翻对企业和产品的原定位，然后再重新对企业和产品调查和分析，从而进行二次定位，让企业和产品的新定位能够适应市场需求和发展。

2011 年，丰田推出的威驰车型受到大众的关注，但是其销售量却不尽如人意。发生这个情况的根本原因是威驰的定位不够准确，在同级别的价格中，配置没竞争对手的高。相比之下，消费者宁愿选择其他产品。这时候，丰田就要吸取教训，在对汽车定位之前要做好市场调查，让产品的定位能够尽可能准确，并且对消费者更具有吸引力，从而让产品能够在推出市场的时候除了体现在受到人们的大量关注外，更加能够体现在产品的销售量上面。

2. 目标客户群体的喜好变化

当企业发现目标客户群体的喜好因为发生变化而选择其他产品的时候，这可能是因为目标客户被新的产品所吸引，又或者是因为价格、质量和款式等其他原因而选择另一个产品，企业也应该对自身进行二次定位。

通过确定目标客户群体的喜好，从而对企业自身进行一次新的定位，让企业的产品能够随着目标客户群体的改变而改变，迎合消费者的口味，获得长期的客户源，从而为企业获得更多利益。

麦当劳在最初进入中国市场的时候，产品的目标消费者的定位是“家庭”，也就是针对一整个家庭推出产品，主打为家庭套餐等，而在 2003 年，麦当劳却一改过去的定位，通过对消费群体重新定位，把目标放在年轻人和儿童身上，而这个目标群体定位的改变，让麦当劳在中国开启了一个新的篇章。

现在的麦当劳推出儿童套餐和针对青少年的新的单品，而不是过去的家庭套装，获得了消费者的好评，也让更多的消费者将麦当劳作为午餐、晚餐的选择，而不是和过去一样仅仅是作为周末的家庭聚餐来看待。

3. 竞争力不足

对于企业来说，原定位并没有错误，只是在企业不断发展的过程中，发现同行业的竞争者在这一个定位上有着更加明显的优势和竞争力时，企业可以通过提升自身的竞争力来和对手进行对抗；但如果与对手的实力相差过于悬殊时，企业可以采取二次定位，避开竞争对手的优势，发挥自身的优势，扬长避短。

在最近的调查中发现，中国软件企业中将近 70% 的企业市场竞争力不足，这是软件企业面临的挑战，这些企业只有不断完善结构，提高技术水平，从而提高企业竞争力，才能够在市场上拥有一席之地。

在许多年前，中国的国产手机还只是停留在对外国手机的“山寨”上面，严重的竞争力不足导致中国手机不要说走向国际，甚至在中国国内也站不住脚。这种竞争力的弱势让中国一大批手机企业都走向了倒闭的道路。在这种情况下，同样是中国手机企业，中兴和华为通过对自身的正确定位，近几年在通信行业已经取得了很好的成绩，华为甚至发展成为了全球第三的通信设备商。

竞争力不足是中国企业的一大弱点，我们只有不断地提高企业的竞争力，才能够让企业在经济全球化的今天在市场上有立足之地。

4. 大环境的趋势

随着经济的发展和全球化进程，中国的企业开始面临着一个新的转折点，企业只有通过二次定位，才能够建立一个适应国际大环境的商业模式，才能够不落后于世界的发展。

企业通过二次定位，认识到自己的不足，然后努力提升企业的核心竞争力，从而让企业的价值能够得到提升，企业能够不断进步，不断适应国际大环境的新要求。

随着互联网的发展和进步，实体店的销售方式已经不能满足消费者的需求，许多消费者都开始选择网上购物。这是互联网发展的一个趋势，所以许多实体店都开始在网上有了自己的店，如苏宁电器、国美电器等，这就是顺应了大环境的趋势，通过二次定位增加了网上销售这一条途径，而我们也必须承认在二次定位之后，网上销售渠道确实为这些企业增加了大量的销售额，为企业的可持续发展指明了前进方向。

当企业出现以上情况的时候，就需要通过二次定位来调整企业之前的定位，为企业的长远发展奠定基础。二次定位一般分为以下几个步骤。

1. 分析产品的现定位，确定新定位的必要性

企业要对消费者进行调查、分析，确定企业现有产品的定位，决定是否需要对产品进行二次定位。这种调查包括消费者对产品的特性的了解与期望、产品价格影响消费者选择的因素和市场上的竞争产品的优势等，通过市场的现状和产品在市场上的反应，分析二次定位的必要性。

麦当劳进入中国市场已经很多年了，为了提高市场竞争力，麦当劳决定在原有的西式汉堡包和薯条等基础上，推出更多的中式快餐。麦当劳首先在香港地区推出了蘑菇酱烤鸡扒饭和咖喱吉列鸡扒饭，随后也在中国的几大城市推出牛肉饭、鸡肉饭和中式卷饼这几样典型的中式快餐。

麦当劳的这个改变，让它的产品市场得到了扩大，同时也提高了麦当劳的市场竞争力。麦当劳的本土化，是外来企业“入乡随俗”的表现，也是对产品的二次定位。

2. 确定二次定位的目标消费群体

企业要确定新的目标群体，从而进行二次定位。在上文中我们已经知道了目标消费群体定位的重要性。企业只有正确定位了目标消费群体，才能够让企业得到长远客户源，为企业带来可持续的发展。

凡客诚品的初次定位是男性服饰，当凡客诚品在获得了众多好评，有了很好的口碑之后，便开始调整自身定位，通过二次定位，开始进入女性服饰市场。凡客诚品对目标客户的二次定位，扩大了凡客诚品的消费者群体，也就扩大了企业的销售市场，让凡客诚品有了更多的发展空间，也有了更大的利润空间。

企业因为各种原因而进行二次定位，但是二次定位也必须要谨慎进行，要考虑以下的因素。

1. 二次定位是否能获得更多利益

产品的二次定位会加大企业的支出，提高企业成本，所以在进行二次定位之前必须仔细分析二次定位之后所带来的回报是否能够超越原定位。二次定位只有能够获得高收益，才会让企业有动力去进行二次定位，否则企业宁愿选择原有的定位，得到稳定收益。

企业在进行二次定位之前，需要对产品的新定位的潜力和消费者的接受程度、竞争者的威胁程度等各种因素进行考虑分析，在分析之后再决定是否要实践企业的二次定位。

二次定位所能够获得的收益回报的大小是企业决定是否执行的关键。

2. 企业的二次定位会面临一些困难

企业的二次定位容易在企业的内部出现不同声音，会有人肯定也会有人反对。

对于保守派来说，他们不愿意放弃原有的市场定位，不愿意放弃原有的消费者群体，他们更倾向于维持原状，依靠原有市场获取利益。

对于激进派来说，他们更喜欢冒险，他们认为二次定位会给企业带来更多的利润，同时还可以扩大消费者群体，可以为企业注入新鲜活力。

不管是保守派还是激进派，都应该对二次定位进行分析，如果有机会获取更大利润，还是值得一试的。

3. 要考虑到二次定位所需要的各种投入

二次定位不是简单的一个企业定位的改变，而是企业要做足各方面的准备。为了保证二次定位能够得到预期的效果，需要做大量的前期工作，通过大量的人力和物资、资金上的投入来确保二次定位的准确。所以二次定位只有让企业能够获取很大利润，才能够让企业有实践的信心。

淘宝网就是一个二次定位的很好例子。随着淘宝网的不断发展和完善，淘宝用户已经越来越多，用户对淘宝商家的质量和服务的要求也越来越高。而同类的拍拍网之类的购物网站的出现让淘宝网的市场竞争力有所下降。在这些综合因素下，淘宝网 CEO 马云决定对淘宝网进行二次定位。二次定位中，马云将淘宝网拆分为三个部分：一淘网、淘宝网和淘宝商城。

淘宝网的定位是中低端的消费者，大多以物美价廉的产品作为交易对象，商家也对位个体商家。而淘宝商城则是面向高端品牌市场，为高端消费者或者企业提供服务，打造一个专业化的服务平台。而一淘则是作为一个搜索引擎而存在的。淘宝网在二次定位中所采取的拆分战略，有利于淘宝网的目标客户群体的划分，同时也完善了淘宝网的业务系统，无论是在目标客户的定位上还是在B2B、B2C等电子商务模式上都具有垄断的绝对优势。

但是淘宝的二次定位中也面临着许多挑战，无论是商家和消费者对淘宝二次定位的接受和认同程度上，还是在二次定位中所花费的人力、物力和财力资源上，都是淘宝所不能避开的挑战。所幸的是淘宝的二次定位整体上是成功的。

淘宝在二次定位后，已经涵盖了网购的所有市场和交易过程，这让淘宝形成了一条完善的销售价值链，为淘宝的长远利益作出了巨大贡献。

企业设立一个好的商业模式，离不开对企业产品和消费者的定位。企业的商业模式要不断地适应企业的发展，就必须不断更新企业的商业模式，对企业进行二次定位。二次定位决定着企业的可持续发展，让企业的发展不偏离正确的轨道。

商业案例评析

如家总是知道你要什么

创立于2002年的如家酒店集团，在10年之内从一个只有50家店面的经济型酒店发展成为一个店面达到2000家的大型连锁店，是中国酒店的一个榜样。

如家酒店集团包括旗下两个酒店品牌：如家便捷酒店和和颐酒店。如家酒店集团通过对目标客户的定位，将其企业经营分为两个部分：和颐酒店是中高端商务酒店，而如家快捷酒店则是经济型酒店。

和颐酒店是在2011年正式成立的中高端商务酒店，该酒店针对商务人士经营，为商务人士提供一套相应的商务服务，并且和颐酒店大大地提高了舒适程度和总体设计上的人性化标准。

作为经济型连锁酒店，如家的经营理念是给顾客一个宾至如归的“家”的感觉。通过给顾客提供一个干净、温馨的环境，让顾客能够在如家消除疲劳，得到一个很好的休息。同时，如家还宣扬绿色环保，鼓励顾客节约水资源等。

下面我们分析一下如家成功的原因。

1. 如家定位准确

如家通过市场调查后发现，中低端的快捷酒店数量虽然不少，但是大多数并不能提供很好的环境，这样就无法充分满足顾客的需要，酒店也不能得到顾客的好评，无法获得顾客的二次入住。

如家正是抓住了这个关键点，首先将自身定位于经济类酒店，然后通过给顾客提供一个标准化的、干净舒适的酒店，让顾客有“回家”的感觉，从而得到消费者的好评，进而将客户转化为长期客源，为企业保证了二次客源，甚至三次、多次客源，顾客的好评和回头率让如家从一般的低端酒店中脱颖而出，成为了知名酒店。

作为企业来说，当然是追求利益最大化，但是最大化应该是企业长期利益的最大化，而不是一时的最大化。

酒店的经营，一般人都知道当然是高端市场的利润比较高，但是如家却选择了经济型市场，这也是如家的聪明之处。在供过于求的高端市场，如果没有一个很好的品牌效应，短时期内是很少有客源的，而且高端酒店的运行成本也高。于是如家决定将经济型酒店作为切入点，为游客和小企业的商务人士提供快捷酒店服务，通过“薄利多销”的方式获取利益。

2. 二次定位

随着如家酒店集团的不断壮大，实力也变得雄厚，于是在 2011 年开始进入高端酒店市场，正式成立了和颐酒店。

这就是如家酒店集团的二次定位，在初次定位中，因为实力较弱和资质尚浅，所以如家酒店集团选择了将经济型快捷酒店作为市场切入点。随着如家品牌的不断壮大，有了强大的资金和品牌效应之后，开始调整自身定位，进入了利润空间较大的高端市场，成立了和颐酒店。

如家的二次定位，让如家酒店集团不仅仅占领了低端酒店市场，也涉及了高端市场，让如家囊括了市场的高中低端服务，为如家的发展提供了保证。

如家成功的原因就在于它知道消费者需要什么。

对于如家快捷酒店的定位来说，随着越来越多人热衷于外出旅游和商务活动开展得越来越频繁，这种经济型酒店是具有十分长远的前景的。

不管是如家的一次定位还是二次定位，都做到了正确定位。如家面向不同的消费者群体，提供了一个相应的很好的服务，并且价格合理，这让如家得到了消费者的认同。而如家舒适的环境也让消费者能够在繁忙的出差工作和旅游中身心得到释放，让消费者出门在外也能有“家”的感觉。如家通过开连锁店的方式，加大了品牌的知名度，为如家带来了大量的客源。

消费者是企业经营好坏的评定者，企业只有很好地满足了消费者的需求，才能够得到消费者的认同，才能够获得长远利益。

十一、盈利工具：找到你的盈利点

何为盈利点？好的盈利点是怎样的？

盈利点，是企业获取利益的方式，盈利点越多，也就意味着企业越能够获取盈利。一个好的商业模式，能够为企业提供尽可能多的盈利点。

对于一个企业来说，找到自身的盈利点是很重要的事情。所以我们应该清楚地知道一个好的盈利点有什么要求。

1. 能够为企业带来较大利润

企业存在的目的就是为了获取利益，而盈利点就是企业获取利益的方式，一个盈利点只有能够很好地为企业带来很大的利润，才能够带领企业走向不断发展的道路，才能称得上是一个好的盈利点。

2. 能够为企业带来可持续的利益

对于企业来说，一时的利益并不是企业所追求的，企业只有拥有一个能够提供稳定的收入来源的盈利点，才能够长远地经营下去，才能长远地获得利益。所以对于一个企业来说，好的盈利点可以不断带来收入。

3. 这个盈利点不能被轻易地复制

如果企业的盈利点能够很好地被同行的其他企业复制，也就意味着其他企业很容易就通过同一种方式获取利益，也就是说，在社会利益资源一定的情况下，越多企业去分享利益，每个企业所获得的利益就越少。所以一个好的盈利点，是其他企业不能够轻易就复制成功的。

4. 具有隐藏性

隐藏盈利点对于企业来说是一个比较难达到的要求，所以这也是一个好的盈利点的特性。盈利点的隐藏性表现在企业从消费者身上获取了大量的利益，但是消费者却没有感觉或者感觉很少，一般来说企业是通过转移消费者注意力的方式去实现的，比如将企业的盈利点放在增值服务上而不是主营业务上。盈利点的隐藏性有利于企业从消费者身上获取更多利益。

一个盈利点如果能够具备以上几个要素，那么企业的利润空间就会被扩大，企业就可以获得更多利益。其实对于很多企业来说，他们并不是将企业的主营业务作为企业的盈利点，却依然得到了大量的利益。

我们都知道腾讯，其主营业务是聊天工具腾讯 QQ，但是腾讯 QQ 从来不收费，以一种免费的形式存在，而最近腾讯旗下最新兴起的微信（语音聊天工具）也是免费的软件。我们不禁疑惑，腾讯的这些免费业务，是如何让腾讯盈利的呢？

我们仔细一想就会发现，虽然腾讯的 QQ 聊天工具是免费的，但腾讯旗下却有很多增值服务需要收费。

腾讯通过给 QQ 用户提供各种收费的增值服务，虽然收费都不算太贵，但是对于腾讯拥有的 7 亿用户这个庞大数量来说，腾讯就不用担心其盈利问题。腾讯的盈利途径有：

（1）会员制度

QQ 用户每个月只需要交付 10 元会员费，就可以享受腾讯为其提供的多达 44 项的 QQ 增值功能。

用户可以通过开通会员加速自身的 QQ 等级升级，会员的昵称也会通过红色字体显示，让用户可以在普通用户中脱颖而出，并且排在普通用户前面。会员还可以过滤腾讯广告，更换更加另类的 QQ 头像，可以免费使用魔法表情，也可以获得漫游的 QQ 聊天记录。

QQ 会员还可以设置会员炫铃，当其上、下线时可以有特殊的音效区别于他人。甚至会员还比普通用户拥有多开 4 个群的权利，同时还可以拥有超大的网络硬盘空间。

除了以上特权，会员还享有其他特权，一共有将近 50 项会员特权。对于 QQ 用户来说，如果开通了 QQ 会员，就可以拥有许多特权增值服务，也可以得到许多方便，甚至这也是地位的一种显示。

（2）各种钻类增值服务

腾讯公司一共推出了红钻、黄钻、蓝钻、绿钻、粉钻、紫钻、黑钻、魔钻 8 种钻石特权，这 8 种特权分别与腾讯旗下的不同业务相绑定，一对一地提供服务，如：红钻是为 QQ 秀提供贵族服务的，红钻用户可以享受 QQ 秀免费使用的特权，甚至还可以给好友送 QQ 秀。黄钻对应 QQ 空间，黄钻用户可以免费运用 QQ 空间里面的所有装扮物品去装扮自己的空间。蓝钻则拥有游戏特权，可以优先进入满人的房间，拥有踢人的功能，还可以拥有 24 小时双倍积分等特权。绿钻拥有 QQ 音乐高品质享受特权，还可以拥有正版音乐的下载权利。紫钻是为 QQ 音速、QQ 堂、QQ 飞车等游戏提供 vip 服务的，而不同游戏之间，所享有的特权是不一样的，所以玩家也要区分好不同游戏的紫钻服务。

这些钻类特权费用也是固定的 10 元一个月，并且不同钻类之间没有关联。这些服务为腾讯带来了大量收入。

（3）腾讯拍拍网的运营

拍拍网于 2005 年开始运营，包括女人世界、数码广场、网友天地 3 个频道。拍拍网依靠腾讯的 7 亿用户，仅 100 天的正式经营就成为了全球网站 500 强。

在拍拍网的发展下，腾讯的收入大大提升，拍拍网的市场竞争力也逼近淘宝网。商家只要给拍拍网支付一定的费用，就可以在拍拍网进行产品销售，对于商家来说，这比开实体店的成本要低，并且腾讯的 7 亿用户永远是最吸引商家的地方。

（4）企业 QQ

企业 QQ 是专门为中小企业提供的一个通信工具，可以加强企业内部交流和企业的外部沟通。当然相对于普通用户的 QQ 来说，企业 QQ 是要收费的，这也是腾讯获得收益的途径之一。

对于一个现在已经涉及多个行业的腾讯来说，盈利方式远远不止以上这些。腾讯由最初单纯的聊天工具，发展到现在涉及各个领域，让腾讯的盈利点越来越多，也就意味着腾讯的利益空间也越来越大，这就是腾讯能够茁壮成长的原因。

另一个例子是淘宝网，淘宝网作为一种典型的电子商务模式，盈利点有很多，我们可以简单分析其中的几个：

（1）通过支付宝来保证交易安全

对于网购来说，交易安全是消费者和商家都十分关心的事情。在最初的电子商务交易中，因为支付风险让许多交易都无法成功实现，而当淘宝引进支付宝作为第三方支付系统后，支付宝通过消费者和商家的信用担保，将网购中的直接交易变为中介交易，而支付宝就担负着中介的作用，保证了交易的安全性。

支付宝的出现，大大地完善了淘宝网的交易规则，让淘宝网拥有了更多的忠实客户，为淘宝网带来了巨大利润。

（2）淘宝的便捷通信

淘宝网在商家和消费者之间提供了一个即时通信工具——阿里旺旺，阿里旺旺的出现，让消费者和商家可以对货物进行即时交流，有利于消费者了解货物的细节和特性，有利于消费者的选购，也有利于商家的销售。同时，阿里旺旺还有利于培养商家和消费者之间的感情，有利于商家留住消费者，获得更多的二次购物。

阿里旺旺的出现，大大地促进了产品的销售，也有利于淘宝网的整体运营，为淘宝带来了更多盈利。

（3）收取广告费

淘宝网通过首页为卖家进行广告宣传，同时卖家也向淘宝网支付广告费用，对淘宝来说，仅首页广告就能够为淘宝带来日收入至少 14 万元。除了首页广告之外，还有其他的活动广告，这都是淘宝的利益来源。

一个企业要想成功，就要找到自身的盈利点，从而获取企业的利润。一个好的盈利点，可以为企业带来长远的呈增长性的利益，这对于企业来说是十分重要的。

盈利点最好第一时间以新换旧

我们在了解了盈利点对于一个企业的重要性之后，就要学会把握企业的盈利点。企业在社会经济不断发展的大前提下，盈利点也要随之不断更新，好的盈利点就是在第一时间抓住的新的盈利点。

盈利点作为影响企业的因素之一，应该怎么去把握它呢?

1. 要随着企业模式的调整而调整

盈利点作为商业模式中的盈利工具的关键，对企业具有十分重要的影响。一个企业的商业模式是随着社会发展和企业自身的发展不断发展变化的，而企业的盈利点也应该随着企业的调整而调整。

虽然我们在上文中说过，一个好的盈利点是可以为企业带来长远利益的，但是作为某一个盈利点本身来说就是一个固定盈利方式，如果周围的环境和一切都在变化，那么这个旧的盈利点不随着变化，就无法适应新的状况，也就无法持续为企业带来利润。

所以盈利点应该随着各种变化因素作出反应，随着企业模式的调整而调整。

随着互联网的不断完善，中国通信行业的发展也在不断进步。在中国进入3G时代不久，就已经开始瞄准了移动4G时代。移动网络的迅速进步，让手机终端的功能越来越强大，随之而来的手机安全问题也越来越严重。手机病毒等恶意程序的出现，已经对手机用户的个人信息和个人财务造成了很大的威胁。用户下载东西时附带的恶意程序也许会让你的话费莫名其妙地被扣除，尤其是随着手机银行的普及，甚至出现了利用用户的个人信息进行恶意透支等行为。

这对于杀毒软件来说就是一个很好的新的盈利点。大部分的杀毒软件还是故步自封地在计算机领域打转，作为杀毒软件企业，应该看到手机杀毒这一个领域的新盈利点，抓住机遇，谁先进入这个市场，谁就能够获得更大利益。

2. 要不断发现新盈利点

一个好的企业都不只有一个盈利点，而这些盈利点不是凭空而来的，这些盈利点是管理层和技术人员通过不断努力而发现和获取的。而企业只有不断地创造、发现新的盈利点，才能够拥有更大的市场竞争力。

企业发现新的盈利点，可以为企业的盈利模式注入活力，让企业获取更大利益。

像移动公司的0元购机活动，顾名思义也就是以0元的价格购买手机。这是近几年来移动公司的一个销售方式。消费者通过预存话费达到一定额度之后就可以获得0元购机的资格。许多消费者认为这是十分占便宜的事情，也就很乐于去参加这种活动。

其实对于移动公司来说，根本就不会亏钱。只不过是先将手机和电话号码的使用权交给消费者，而之后再慢慢地从消费者手中赚回来而已。移动公司对于0元购机时所预存进去的话费并不是一次进入账户，而是分期打入到消费者的手机话费中，在预存话费完全进入用户账户之前，保证了用户的持续使用。而只要用户使用，就可以为移动带来利润，每个月的月租和相应的通话及短信费用，就能够为移动带来可持续利益，同时还可以推销许多手机。这就是移动公司0元购机这个新销售方式的新的盈利点所在。

3. 要以最快的速度更新盈利点

当企业不断发现新的盈利点之后，还要在第一时间验证其可行性，然后付之于实践，更新企业盈利点。因为所有的企业无时无刻都在为发现新盈利点而努力，当一个企业优先发现新的盈利点，却没有以最快的速度更新的话，就很容易被竞争对手抢先应用。

一般来说，第一个应用盈利点的企业能够比后应用的企业拥有更多的消费者基础和市场份额，也就能够获得更大利益。

富士康是为电子产品、汽车等制造组件的厂商，是世界500强企业。富士康作为电子产业的制造商，十分注重盈利点的把握。

富士康通过高新技术和严谨的产品检测，为企业获得了许多来自世界各地的订单。富士康的高新技术就是一个很好的盈利点。富士康通过利用廉价的劳动力和运用高新技术，已经获得了苹果公司、摩托罗拉公司和诺基亚公司的大量订单，这些订单为富士康带来了巨大收益。

而一直以来通过制造业获取市场份额的富士康，在发现了技术创新这个新的盈利点之后，马上开始着手实践新的盈利模式。近年来开始由制造转型去进行创新技术的研发，想要将企业打造成为科技公司。

富士康通过对创新技术的研发，开发出了一个工业机器人，在世界的技术领域拥有了一定地位，如果富士康仍能够以最快的速度更新盈利点，一定可以在制造行业和科技研发行业更上一层楼。

一个企业能够抓住一个好的盈利点，就成功了一半，而要想获得另一半的成功，就必须在获取这个新的盈利点的时候，以一个最快的速度去更新盈利点，让企业始终走在市场的前端，让企业能够获取最大利益。

影响盈利点的三种费用

我们在上文中一直在强调一个企业的商业模式是很重要的，而企业的盈利点是商业模式的一个关键，企业的盈利点越多，获得的利润就越大。本节来学习一下企业应该如何通过盈利点去获取利润。

对于一个企业来说，其盈利点一般分为三种，分别是入场费、停车费和过路费。企业获得的利润大多数是通过这三种方式得来的。那么这三种方式的具体表现是什么呢？下面我们来具体分析一下。

1. 入场费

"入场费"是针对某些特定消费者群体所收取的费用，这个特定群体要想获取产品的服务就必须支付相应的费用从而获取资格。

对于企业来说，"入场费"是一个一次性的收入，通过支付费用获得相应的权利和服务。比如品牌商品要进入百货商场的专柜销售，就要支付一定的"专柜费"；学生转校要交"择校费"；会员 VIP 服务要交"会员费"……甚至各种中介公司也是如此，婚姻介绍所也好，房屋中介公司也罢，你只有缴纳了会员费，才能够拥有获得中介推荐的资格。而至于什么时候能够找到适合的，中介公司并不对此负责。

随着通信业和互联网的发展，宽带服务也开始普及到千家万户，甚至推出了"宽带中国"的战略，但是其实际的执行却有着很大的难度。在光纤改造的过程中，运营商首先遇到的问题就是小区管理部门设置的准入门槛，运营商要向小区管理部门缴纳“入场费”之后才能够对小区进行宽带升级。在这个高昂的“入场费”面前，许多运营商都进退两难，而这样的现状对于宽带的全面提速和光纤入户造成十分大的阻碍，不利于我国信息化的普及。但是对于收取费用的部门来说却是一大笔额外收入。

相较于往年繁华的“五一”小长假来说，凤凰古城今年的“五一”假期就显得十分冷清，其主要原因是湖南政府新推出的凤凰古城收取148元门票的政策。政府通过推行这个政策，提高了湖南凤凰古城的门槛，而这一政策也让许多游客望而却步，特别是与原来的不收取门票一下上升到148元的门票相比，对于消费者来说还是会有很大的抵触心理的。这个进城就要收费148元的政策，让凤凰古城名声大振，却也让古城游客剧减，从而引起了城内的商家集体罢市。

从凤凰古城的例子中我们可以看到，“入场费”也不是可以随便收取的，一旦超过人们的接受能力，就容易引起人们的抵触心理，从而造成反效果。

2. 停车费

停车费是顾客为延续使用资格而向企业支付的费用，是一种可持续获取的费用，是企业的持续性收入，也就是我们通常所说的租金。

最明显的就是我们的手机月租费了。在通信业如此发达的今天，基本上每个人都有了手机，甚至有的人还拥有多部手机，那么对于我们的用户来说，除了普通的电话、短信和上网等通信所产生的费用之外，每个月还要向运营商缴纳一定的月租。我国通信业的三大运营商巨头分别是中国移动、中国联通和中国电信，我们通过使用他们的不同类型的套卡，相应地支付不一样的月租。我们为了能够持续使用同一个号码，就必须每个月按时缴纳月租从而延续自己的使用资格，对于通信业运营商来说这就是一个可持续的利益来源。

“挪宝”空调进军中国市场的时候，由于其高昂的价格，许多消费者都不愿意购买。于是该企业采取了一个十分另类的销售策略，让“挪宝”成功打入了中国市场。通过为房地产开发商免费提供“挪宝”空调，同时签订一个固定期限的较长期的使用合同，通过企业和居民住宅采取不同的收费标准，在合同期内收取制冷费用，在合同到期之后，空调仍然归开发商所有。而“挪宝”的利益来源就是其节能空调所带来的电费和维修支出与向用户收取的费用之间的差价。

“挪宝”这种销售方式就是将原本的空调售价取消掉，从而转换为一种长期的可持续收入，也就是通过收取“停车费”来获得利润。

3. 过路费

过路费是指企业通过为消费者提供增值服务所获得的费用，一般来说，企业所获得的“过路费”可以很大程度上扩大企业的获利空间。

腾讯公司之所以能够成为国内最大的互联网综合服务提供商，当然离不开腾讯公司不断推出的一些增值服务，这些增值服务也是腾讯的盈利方式之一。腾讯公司通过给客户提供各种会员特权，红钻、黄钻、绿钻等多达8种钻类贵族特权，以及联合通信业运营商推出超级QQ等增值服务，为腾讯公司牟取了十分巨大的利润。

中国联通作为通信业三大运营商之一，也通过向消费者收取“过路费”从而获取额外利益。通信业的增值服务是指相对于一般的通信基础业务来说额外增加的服务，其中包括手机报、电子邮件、手机天气预报，等等，同时手机 WAP 业务也算是增值服务的一种。中国联通通过对消费者提供这些服务，可以从中获取相应的增值费用，从而扩大中国联通公司的利润空间。

通过提供增值服务，为企业获取了高昂利润，许多企业的主营业务都没有太多的收入来源，只有通过不断增加增值服务，从中让企业获取利润。

以上这三种费用是一个企业获得利益的主要来源，大部分企业都通过收取其中的一种或多种费用来获利。而连锁店就是一个三种费用都收取的企业。对于一个连锁店来说，连锁店的加盟费就是“入场费”，而连锁店的管理费就是“停车费”，向连锁店进行统一采购原料和货物产生的费用就是“过路费”。

麦当劳作为一个国际大型连锁快餐店，在世界上的连锁店已经超过了 3 万家。对于麦当劳公司来说，其收益来源有很多。

第一个就是加盟费，也就是我们所说的“入场费”，加盟商通过交付一定的加盟费，才能够在麦当劳所指定的地点获得经营麦当劳快餐店的权利。麦当劳一般指定的店面都是其自己买下的房地产，通过将店面出租给加盟商，就可以从中获取差价，同时也解决了加盟商的资金流通问题。

第二个是管理费，也就是“停车费”。麦当劳公司通过每个月对加盟店的管理从而收取管理费用，但是如果经营业绩很好，麦当劳会考虑免去其管理费。这种管理除了麦当劳的经营理念和规范要求之外，还包括对加盟商的监督，通过月度考核、总部考察和不定时的抽查来确保加盟商确实按要求和规定运营麦当劳快餐店。这些考察会对食品的制作过程、柜台的工作态度、账单等各方面进行考核。

第三个是采购费，也就是“过路费”。凡是加盟麦当劳快餐店的加盟商，所有的原料都要从麦当劳公司购入，不可以私自使用外面的产品和配料。这样一来，麦当劳也就能够不断地获得利益，与此同时也保证了麦当劳加盟店的食品安全和质量，甚至达到了口味的统一。对于麦当劳公司来说，提供原料是一个强制性的增值服务，让麦当劳公司能够从中不断地扩大利润空间。

麦当劳公司收取的这三种费用是企业的利益主要来源，当然，除此之外还有加盟商销售额的提成和店租差价等。但是“入场费”、“停车费”和“过路费”是企业的三大盈利点，为麦当劳带来了巨大利润。

企业的盈利点可以让企业获得利润，盈利点越多，企业的利润来源就越多。这就是企业建立一个好的商业模式的关键，只有建立了一个好的商业模式，才能够很好地放心企业的盈利点，让企业能够获得长远利益。

最有效的设计方案

企业要获得利润，必须拥有一个好的商业模式，把握好企业的盈利点。也就是企业要设计一个好的盈利模式，才能让企业获得更多利益。

盈利模式是指通过对企业的利益相关者进行分类，制定一个关于企业的成本、收入和盈利之间关系的结构方案。企业要想获得最大利益，就要拥有一个最有效的设计方案。首先我们来看一下盈利模式的理论发展史。

1. USP 理论

USP 理论是由美国罗瑟·里夫斯提出来的，强调对消费者宣扬一个“独特的消费主张”。这个阶段强调对产品的推销，将产品的特点作为卖点。

这个主张注重产品的独一无二的功效和利益，强调对品牌的精髓进行挖掘，通过其强大的销售能力向消费者证明其与众不同的特性。

江中牌健胃消食片，对消费者宣扬一个“日常助消化用药”的形象，针对儿童和中老年人“食欲不振”的症状进行调理，填补了市场上以人群划分的助消化产品的市场。通过广告的大量播放，也让消费者对江中牌健胃消食片更加印象深刻。在产品的推广力度上，江中牌健胃消食片已经将其产品的存在价值很好地诠释给消费者，以至于当消费者出现“食欲不振”症状的时候，就会很自觉地想到江中牌健胃消食片。

这就是USP理论给厂家带来的方案，通过将健胃消食片的助消化特点作为其产品的卖点，强调其独一无二的特性，从而让消费者理所当然地接受产品。

2. 定位理论

美国在20世纪60、70年代，商业竞争开始变得十分激烈。艾·里斯和杰克·特劳特在1972年联合出版的《定位时代的来临》，让人们第一次认识了解了“定位理论”。这是销售史上的一大里程碑。

定位理论是通过对产品的定位，预先猜想到客户对于产品的需求，从而满足客户的需要，形成自身独特的核心竞争力。这个理论是对产品进行品牌营销的阶段。

保健品“脑白金”给消费者留下了一个深刻的印象，通过对其保健品的安神作用大肆宣扬，电视广告的不断轰炸，让“今年过节不收礼，收礼只收脑白金”这一句广告词深入人心，简短而有力。而其“安神”的效果就是企业对产品的定位，也是对消费者需求的定位。随着越来越多的人被失眠困扰，使“脑白金”拥有一个很庞大的消费者群体。而“脑白金”本身“礼品”的定位也为产品加了不少分，相对于“药品”和“保健品”，人们更加喜欢送“礼品”这一说法。这也是“脑白金”能够成功的原因。

3. 错位理论

错位理论是一个针对定位理论通过不断地补充和完善得出来的理论，强调给消费者一个和原期待不一样的新的刺激，以满足消费者心理。这种错位理论其实是通过给消费者一种新的感觉，让消费者得到意外惊喜。企业通过对产品提供一种超越原有期望的新现实，从而获得消费者的肯定。

麦当劳作为一个快餐企业，却着重于给消费者带来一种新型的生活方式，将美国的娱乐生活融入到日常经营中，让消费者在消费产品的时候也体验到其所带来的快乐。这就是麦当劳给消费者提供的错位消费，表面上是消费食物，实际上却是在消费美国文化中的轻松快乐的生活。

盈利模式在经历了上面三个时期的理论发展之后，已经变得较为完善了。那么对于一个企业来说，到底有哪些盈利模式呢？

1. 企业直接从客户处获得利益

这种方式是大部分企业的盈利模式，企业通过支付生产和运营成本来经营企业，然后从消费者身上获取收益，扣除了所有成本之后，所得的就是企业微薄的利润。这种方式是最传统的盈利模式，企业可以通过控制和减少生产和经营成本来增加和扩大企业的利润空间。在这种模式下，也容易出现一些问题。生产制造企业容易出现严重剥削劳动力的事件，食品制造商也容易出现以次充好的现象，第三产业服务业则容易出现工作懈怠的情况，等等。

三鹿集团为了让产品的各项指标能够达到标准，不惜往产品里添加三聚氰胺，从而减少企业生产成本，让企业获取更多利益。

2. 企业从第三方获取利益

这种方式就是企业通过自身承担成本，但是企业的获利方式并不是直接向消费者收取利益，而是向第三方收取利益。这种方式运用的企业并不太多，却也是特定行业的典型。

就像酒店里和飞机上面提供的免费杂志一样，作为消费者，在翻阅杂志的时候并不需要支付费用，而酒店和航空公司作为这些免费杂志的提供者，需要支付一定的成本。那么酒店和航空公司的利润来源是什么呢？就是杂志上面的广告，通过向广告商收取广告费，减去杂志的成本，这样一来也为酒店和航空公司提供了利益收入。

3. 第三方和企业一同支付成本，企业从顾客处获利

这种盈利模式可以减少企业的成本，通过和第三方一同支付成本，有利于减轻企业的压力，又可以从消费者身上获得利益。

在篮球比赛中，每一个球队背后都有一个大老板支持，负责球队的各方面。球队大老板通过对外出售比赛门票和电视转播权利来获取大量的利益，又通过广告赞助的利润负责球队的日常运行成本，这样一来，球队的大老板就能够获取大量利益。

4. 第三方支付成本，企业从顾客处获利

这种盈利模式是利润获取程度最大的一种，对于企业来说，既不用支付成本，又可以从消费者身上获得利益。

许多活动的举办就是这样，主办单位通过各种方式找到赞助商，赞助商负责活动的所有经费，而赞助商同时也可以达到为自身宣传的效果。而作为主办单位，既可以不用支付活动的成本，又能够通过收取门票等方式，从消费者中获得收入。

那么，企业应该如何设计盈利模式呢？

1. 要把握好消费者的需求

企业通过设计一个可以满足消费者需求的方案，让消费者可以心甘情愿地为了产品去支付相应的费用，企业只有把握好消费者的心理，充分分析消费者的需求，才能设计出一个好的盈利模式。

企业只有真正了解了消费者需要的是什么，才能够成功占有市场，为企业找到一个真正的盈利点。

作为通信业的三大运营商之一，中国移动抓住了消费者对互联网的依赖心理，推出了手机上网这个增值服务，让客户在任何时刻都可以享受到上网的服务。中国移动还针对不同消费者对流量的需求，推出了不一样的流量套餐，在不浪费资源的同时也满足了消费者的需求。中国移动甚至还推出了流量叠加套餐，满足消费者意外流量的增加。

2. 要有自身的独特性

企业只有拥有自身独特的特点，才能够和竞争者进行有力的竞争，不断提高企业的市场占有率。企业只有有自身的特性，才能够让消费者有二次购买的冲动，才能够让企业在严峻的市场环境中不断成长，不断获得更大的利益。

苹果公司作为高科技的代表，也是高端产品的绝对代表。无论是手机还是平板电脑都具有苹果公司的独特性，拥有很大的拓展性，能够让消费者拥有一个十分个性化的体验。苹果的独特性也成就了其霸主地位。

3. 要不断地创新

企业的发展不能够离开创新，企业要获取市场优势，必须在各个方面不断地进行创新，不断突破。盈利模式的设计也需要创新。

韩国的三星手机，近年来连续打败了多个手机品牌，市场占有率直线上升。而让三星手机在智能手机这个板块上能够有如此建树的原因，是三星对科技的不断创新。三星通过创新不断地给用户带来惊喜，不断地完善手机功能。三星手机的创新，让三星集团不断壮大，正是三星对盈利模式的创新，让三星拥有了一个很好的盈利模式，才能够获取最大利益。

4. 不断完善企业的产品服务

企业除了为消费者提供产品之外，还需要对消费者提供相应的服务，这才算是一个完整的交易结构。

淘宝网为了保障消费者的利益，推出了 7 天无理由退换货服务，卖家只要申请了这个服务，就可以为消费者提供此项服务，从而获得了更多消费者的好评，也就获得了更多的利益。

企业通过以上几种方式，可以在一定程度上完善企业的盈利模式，让企业能够设计出一个最佳的盈利模式，从而完善企业的商业模式，让企业获得最大利益。

商业案例评析

细数 1984 年洛杉矶奥运会的盈利点

当美国的洛杉矶在 1978 年获得 1984 年奥运会主办权那一刻，当地民众纷纷表示抗议，为什么洛杉矶人民不欢迎奥运会呢？

原来，在 1984 年之前，奥运会的商业盈利模式还没有形成，所有举办费用都要由举办城市和政府承担，而获得资金的途径便是靠民众个人捐款和奥运门票收入。随着奥运会增设的比赛项目越来越多，需要的设施、建设费用也越来越高，导致人民负担越来越重。所以，在当时，举办奥运会并不是一件能令当地民众兴奋的事。

可以说，在往届的奥运会举办中，举办方都是以亏损的状态结束的。而这次洛杉矶奥运会的举办是由洛杉矶的民间承办的，由金融专家彼得·尤伯罗思但任奥运会筹办委员会的主席，展现了其财务管理方面的才能。

由于是民间承办的，必须解决举办经费的来源问题，为了解决这个问题，筹委会决定通过一些措施来解决经费问题，比如出售奥运会的电视转播权力、出售门票和充分利用已建设施，甚至和各大企业集团签订赞助奥运会举办的协议。在运动员的住宿方面，筹委会也决定租用大学宿舍而没有选择新建宿舍，这样也大大地减少了成本。

通过以上的这些政策，让这一届洛杉矶奥运会不但没有亏损，还盈利了将近 2.5 亿美元，开创了奥运会盈利的先河，也让之后的举办方有了动力。1984 年洛杉矶奥运会的举办方式也被称为“奥运会史上最牛”的一个举办方式，在之后的奥运会举办中，成为了各个国家和城市获利的方式。

既然洛杉矶奥运会被称为改变历史的一届奥运会，那么我们就以此为例，来分析一下其商业模式和企业的盈利点。

1. 充分利用大企业的赞助

在这届奥运会中，筹委会通过对外开放商业赞助资格，同时又限定赞助商家中同一个行业内只能够有一家企业获得资格，同时还限制了赞助的总数量。由于对赞助商家的各种限定，让赞助资格大大升值了。对于企业来说，赞助奥运会是一次十分难得的机会，可以通过赞助奥运会让全国人民，乃至全世界的人民更加了解该品牌，有利于提高企业产品的知名度，获得更大的市场效应。这样一来，也就为奥运会的成功举办筹集了大量的经费，这是洛杉矶奥运会的盈利点之一。

在这次奥运会中，饮料行业两大巨头百事可乐和可口可乐公司就一同竞争，都想获得这次运动会的赞助权力，最后可口可乐公司以 1260 万美元的高价获得了洛杉矶奥运会的赞助资格。这次赞助也为可口可乐公司做了一个很好的广告，大大地提高了可口可乐公司旗下产品的销售量，为企业获得了大量利润。

同样，富士胶卷和柯达胶卷在这次赞助中的较量也十分激烈。原定于给柯达公司的赞助资格，由于富士胶卷开出了 700 万美元的高价，最后柯达惨败。也就是在这次奥运会之后，在富士胶卷品牌效应下，其在美国市场的占有率从 3% 瞬间提升到了 9%，为富士胶卷的不断发展作出了巨大贡献。

主办方通过对赞助资格的限制，大大地提高了赞助的质量，在为筹委会筹集了大量的赞助经费的同时，也为各个企业提供了一个很好的平台去展现自己，为企业获得利益作出了贡献。

2. 出售电视转播权和各项特权

筹委会通过出售电视转播权，也获得了大量的资金。在多个广播公司竞争电视转播权的情况下，最后由美国公司买下转播权并且提供技术设备之后，洛杉矶奥运筹委会得到了高达3亿美元的经费，在很大程度上解决了经费问题。

筹委会对奥运会举办中的许多程序都对外出售，为奥运会的举办筹得了许多经费。筹委会甚至将火炬接力当作赚钱的工具，利用了人们想要参加火炬接力跑的心态，将其作为商品进行出售，这样一来也为筹委会赚取了将近3000万美元。

3. 减少和控制成本

在通过以上方式获取利益来源之后，举办方通过减少运营成本来控制支出。作为洛杉矶奥运会举办方，并没有建设太多新的场所和新的设施设备，而是充分利用了洛杉矶的已建场所和设备，甚至连运动员的宿舍也没有新建，而是租借了大学宿舍来用。奥组委也通过征用志愿者来减少大量工作人员的工资支出，为奥运会的运营大大地减少了成本。

通过以上这些盈利点，筹委会对外出售赞助权利，为洛杉矶组委会获取了大量的资金来源，同时通过减少运营成本来获得利润，也逆转了历届奥运会亏损的局面。

十二、资源整合工具：利用你能利用的

什么是你有而他人没有的东西?

企业的发展需要一个好的商业模式，好的商业模式可以让企业获得更多的盈利点，也就为企业获取更多利润奠定了基础。企业的发展离不开对企业资源的整合，对企业的资源进行优化配置，从而获得整体最优。

对于企业来说，发现自己的独特之处是十分重要的，通过充分发挥自己占有的独特优势，才能够让企业在市场上拥有独特的竞争力。

一个企业抓住自己的独特性，有利于企业的长远发展，知道什么是自己有的而别人没有的，就能够扬长避短，更好地发展企业。那么企业可以从哪些方面发现自己的独特之处呢?

1. 独有的核心技术方面

核心竞争力是一个企业在人才资源、技术、管理方式和品牌效应、核心价值等方面的绝对优势。在中国加入世界贸易组织之后，中国企业都开始寻找自身的核心竞争力，让自己能够在市场上获得独有价值。

对于一个企业来说，人才资源是可以变的，管理能力也可以不断加强，品牌效应可以不断扩大，企业只有不断地掌握核心竞争力，才能够在严峻的市场上立足。下面让我们来看一下我国的几大电子商务平台的核心竞争

力的各自优势。

首先是京东商城。京东商城作为我国规模过百亿的网络零售企业，有着其独特的核心竞争力。说到京东商城，我们必须提到的是其完善的物流配送系统。京东商城在信息物流方面可以说是下足了功夫，完善了工作人员派送货物和上门取件的同时，还支持上门退货等方式。在支付方面，除了日常的支付宝第三方支付方式和银行卡网上支付方式之外，京东商城还推出了货到付款服务。京东商城通过对物流系统的不断完善，改变了传统商业模式中将货物派送承包给第三方物流公司的方式，通过自己完善物流系统，自己派送货物，从而达到降低物流成本、提升企业的竞争力、让企业获得很多利润的目的。

接下来我们来谈一谈淘宝网，淘宝网在电子商务上是比较早进入的平台之一，马云作为其 CEO，一直以“打造一个开放的生态系统”为目标，为淘宝的发展做了一个很好的定位。对于淘宝网来说，淘宝网在整个开放的生态系统中，扮演的是一个提供各种基础设施的角色，通过不断完善平台的基础设施，让商家和消费者能够很好地进行交易。而淘宝平台的生态系统的完善可以吸引更多的客户，为更多人服务，同时也更容易产生出新的机会，实现淘宝平台、商家和消费者三方共赢。

通过以上几个例子，我们都看到了核心竞争力对于一个企业的重要性，企业只有重视了核心竞争力，才能够在市场上大显身手，创造出更多的价值和利益。

2. 大量的资金和现金流的供应

企业的发展离不开资金的支持，资金可以保证企业的正常运营，而现金流能够让企业有能力进行正常的生产和扩大再生产活动。

当下中国企业就面临着资金供应问题，尤其是中小企业。大部分的中小企业的融资方式都是通过银行贷款，而这种方式不能够为企业提供长期的融资需求，不利于企业的长远发展。所以说资金对于企业来说是十分重要的。

腾讯能够走到今天，有着其自身的独特优势。腾讯公司的优势就是有大量的资金支持，对投资十分看重。腾讯在淘宝迅速发展之后，看到了电子商务在现代经济中的重要性，转而开始了对电子商务的投资。无论是腾讯的拍拍网还是易迅网，甚至还涉及了团购网，这一系列的投资让腾讯迅速进入到了电子商务时代，同时也为腾讯完善电子商务平台奠定了基础。腾讯公司的发展壮大离不开投资，这就是资金的重要性。

3. 拥有比较廉价的资源

对于一些新创办的企业来说，既然没有足够的市场影响力，也没有庞大的资金进行投资、用于完善物流系统，那么他们拥有怎样的优势呢？

新创办的企业往往没有技术和资金支持，但是如果在经济不发达地区，企业往往能够拥有廉价的劳动力和丰富的资源，这样一来，企业也能够很好地控制成本，以低廉的价格成功打入市场，以其自身的价格优势获得消费者的认同。

对于进行简单生产的制造商来说，只有通过降低成本才能获得企业利益。

对于一个专业“代工”的企业来说，富士康一直致力于降低劳动力成本，这是让富士康能够在市场上占据重要地位的原因之一。富士康通过充分利用廉价劳动力，控制了企业的生产运营成本，让企业能够在市场竞争严峻的情况下继续生存，这就是生产制造商在当下的竞争力。

4. 拥有品牌效应

随着市场制度的不断完善，企业依靠简单的制造生产并不能够长久地占领市场，企业只有通过树立起一个自身的品牌，不断地完善企业形象，才能够在市场竞争如此激烈的今天立于不败之地。

苹果公司之所以有今天的成就，除了其高新技术的支持之外，也离不开品牌效应。随着苹果产品的地位不断上升，其品牌不仅仅代表了产品的技术，更代表的是地位和身份，越来越多的人以能够拥有苹果为豪。苹果能够有这样的成绩，离不开其品牌效应。

5. 有一个很好的供应链

供应链是企业对产品的流通过程的一个联系，通过将产品的原料供应商、生产商和销售商联系起来，形成一个供应链。供应链可以完善企业的流程，并不是所有的企业都有这样独特的竞争力的。

在电子商务发展迅速的今天，作为销售家电类产品的苏宁易购，在供应链方面有着独特的优势。苏宁易购通过抓住家电产品价格高昂这一个特性，对家电产品进行统一采购，能够以一个比较低的价格采购，这样一来就降低了苏宁易购的成本，也就可以通过较低的价格打败竞争对手，占领市场。

作为一个同时拥有实体店和电子商务平台的企业，苏宁在不断地完善其供应链。苏宁已经拥有了1400多家实体店，将近100个货物配送中心和大量的网上服务网点。也就是说，苏宁无论是在实体店上还是在网络上，都遍布各地，形成了一个巨大的关系网，将实体店和网络很好地结合起来，将实体店和货物派送联系起来，形成了一个供应链体系，让苏宁电器在家电市场上走得更远，获得更大的利益。

6. 独特的商业模式

我们一直都在强调一个好的商业模式对于企业的发展是十分重要的，如果一个企业能够拥有一个与众不同的商业模式，就能够开辟一个独特的市场，为企业牟取利润。

广州益力多有限公司就有一个与众不同的产品销售模式。除了和普通商品一样在超市和商场销售之外，益力多接受顾客预订，由牛奶公司送货上门，还有一个方式就是打电话向“益力多小姐”购买益力多。

“益力多小姐”一般在固定的时间出现在小区的门口，为消费者提供销售服务，甚至可以送益力多上门，这种“送货到家”的销售模式，为消费者提供了方便，也大大地提高了益力多的销售量。益力多的这种销售模式，为益力多公司扩大了利润空间。

作为第三方客户端的返利网，目的是集合资源，为消费者提供优惠。用户通过返利网的客户端进入各个购物网站进行消费所获取的积分可以兑换相应的优惠返利，这样一来，既为商家做了宣传，又为消费者省了钱，返利网深受消费者的喜爱。返利网这种运行模式为商家、消费者和返利网本身三方都获得了利益。返利网抓住了自身独特的商业模式，让返利网在市场上也有着不可替代的地位。

企业必须知己知彼，知道自己有什么是别人没有的，或者是别人无法模仿的。企业通过抓住自己的独特之处，形成一个竞争对手难以复制的商业模式，也就成就了企业的独特市场竞争力，让企业能够在市场和竞争对手的压力下屹立不倒。

整合现有资源是最好的竞争力

随着经济全球化的发展和资源的有限性，企业的资源整合变得尤为重要。在未来的社会发展中，企业只有加强对资源的整合，才能够让企业拥有一个最好的竞争力，才能够在市场上占据有利地位。

一般来说，企业都会比较注重以下几个方面的资源整合。

1. 企业之间的资源整合

每个企业都有其自身的优点和不足，所以同行业之间、产业链之间的企业进行一个战略结盟，有利于整合各个企业的人力资源、物力资源、信息技术资源和市场客户资源。同时能够实现资源的共享和互补，一同抵抗竞争对手。

尤其对于中小企业来说，单个企业无法对抗大企业竞争对手，但是如果纵向企业进行战略结盟，那么和大企业形成抗衡局面也不是不可能的。

物流公司就将资源整合做得很好，物流公司的经营管理就是一个资源整合配置的过程。在我国，随着电子商务模式的出现，物流行业近几年已经开始走向繁荣，短短几年内已经有了许多大大小小的物流公司，但是即使是大的物流公司，也有派送的盲点。这时候就需要物流公司之间进行资源整合。他们通常会将自己手中不在派送区的货物转移给会到达该地的物流公司，从而减小自己的运输成本，又能够达到为消费者服务的目的。

屈臣氏作为亚洲最大的美容产品零售商，集合了多种国际国内化妆品和护肤品品牌，专业销售日常护理用品。屈臣氏作为一个日常生活护理用品的资源集合平台，为消费者提供了方便，同时也为各个品牌提供了一个销售渠道。

2. 企业与金融资本进行的整合

企业通过和金融资本进行资源整合，可以充分利用金融资本发展、壮大企业，为企业筹备资金进行生产和扩大再生产。

企业的融资方式有很多，除了通过抵押资产获得融资，还可以通过股权融资来获得资金来源，扩大企业资本，让企业能够在短时间内获得融资。

作为中国金融资本平台的总经理，朱伟峰强调了资本和企业之间的重要性。他认为资本要依托产业作为载体，才能让资本以乘数被放大，而企业的产业发展也只有依靠资本才能得以运行和成长。中国金融资本平台涉及各方产业，包括了文化产业、新能源产业等，为许多企业提供了金融资本的支持，并且取得了显著成效。

3. 企业与政治资源进行的整合

一个成功的企业需要对各方面资源进行整合，当然也离不开政治资源。政治因素作为一个影响国家安定的因素，对企业也有着很大影响。对于企业的长远发展来说，除了经济因素影响重大之外，政治资源有时候也会起到决定性作用。作为企业，应该紧紧把握住国家的政策，通过贯彻国家政策，跟着国家的脚步，将企业做大做强。

2010年，我国发改委和环保部联合发布了《当前国家鼓励发展的环保产业设备（产品）目录（2010版）》，表明了有一部分设备将会获得国家政策的支持，里面包括了工业窑炉烟气脱硫设备、上流式多级厌氧反应器等，除此之外还包括了大量的高技术设备。

这一政策的推出，将会为我国的环保事业作出巨大贡献，有利于我国环保事业的可持续发展。同时这一政策的推出还有利于促进我国工业的产业结构进行调整，鼓励新兴产业的诞生。而作为企业来说，只有把握住这些政策，才能够获得更大的市场竞争力。

4.整合人脉资源

人脉是一个企业发展的关键要素，人类是群居动物，企业也是，没有哪个企业是独立于社会和其他企业而存在的。

人脉资源其实是企业的一种隐性资产，但是却有着独特的重要性，如果没有人脉资源，企业无法完成商谈、无法签订合同、无法第一时间获得信息……其实企业的运作，每一刻都离不开人脉资源。人脉越广，企业做起事情来就越方便，甚至钱也会自动找上门来。中国有句老话："在家靠父母，出门靠朋友"，这就是强调人脉的重要性。

曾经有研究中心专门对企业的成功案例进行分析，发现一个企业的成功，专业技术、经验和知识只占成功要素的15%，而人脉的影响却高达85%。通过这一个研究报告我们就可以看出，对于一个企业家和企业来说，人脉有多重要，甚至起着决定性作用。

马云说：人脉就是金钱。马云能够有今天的成绩，除了他果敢的个性和强大的知识能力及经验之外，也离不开人脉关系的影响。即使他现在卸任了阿里巴巴的CEO，我们相信，只要他需要，仍然有许多人排着队想与他合作，这就是人脉的重要性。

其实企业的资源整合还可以是企业内部的整合和对外的共享，比如以下方式：

1. 对客户资源的整合

网络化发展的时代，用户信息变得十分重要。由于用户需求不一样，所以为了给消费者一个完美的体验，就必须了解不同消费者的特点。一般来说，企业都会为消费者建立一个客户资料，通过对客户进行分类，旨在为客户提供一个全方位的立体服务。

信息化的发展对客户资源的整合程度要求越来越高，人们可以通过互联网查询物流派送的整个流程，甚至还可以通过相关的软件查询个人的交通违规信息、个人消费记录，等等。在消费者购买了汽车之后，往往汽车公司就会对消费者的个人信息进行记录存档，然后在公司推出新的产品的时候，通过对客户的分类，为不同的客户提供不同的服务。同时，还会根据用户资料，提醒用户的汽车保养时间等。

客户的资源整合，有利于企业对不同的客户人群提供不一样的业务和服务，淘宝网会通过用户最近浏览的产品，为消费者推荐相关类别的其他产品，这样一来就有助于消费者能够了解更多产品并且进行比较，从而选出一个适合自己的产品。

2. 对信息资源的整合

信息资源整合就是将世界各地的信息通过整理集合在一个平台上，供大家参考了解。IT 行业的产生就是为了对信息进行有效整合。

最具代表性的就是百度和谷歌。作为世界两大搜索引擎巨头，百度和谷歌都凭借其强大的信息整合能力，致力于为消费者提供一个资源共享的平台。其搜索服务范围包括网页、音乐、视频、地图、图片和新闻，等等。百度还包括了百度百科、百度文库和百度知道等资源。

百度和谷歌的出现，为我们日常生活提供了许多便利，也为我们提供了许多资源共享。我们只要在百度或者谷歌搜索引擎里输入关键字，就可以很快地找到我们想要的资料，这在信息化的今天显得尤其重要。

对于企业来说，资源的整合是十分重要的，可以为企业扬长避短，让企业利用一切可以利用的资源，提供企业的市场竞争力。企业对现有资源的整合就是企业最好的竞争力。

商业案例评析

Under Armour 的资源优势

Under Armour 是一个美国运动品牌，主要生产体育运动装备，包括运动装里面的紧身内衣和垫肩等装备。Under Armour 所生产的紧身内衣引领了吸汗涤纶纱线材质的体育装备的潮流。当然，Under Armour 也会生产运动服饰，如运动 T 恤、运动裤等。

Under Armour 成立于 1996 年，由前马里兰足球明星 Kevin Plank 创立，迄今为止已经取得了很大的成就。而 Under Armour 的成功，离不开其独特的资源优势。

1. 人脉资源优势

公司创始人作为前马里兰明星，拥有较大的人脉资源的优势。Kevin Plank 通过其在足球界的影响力，将自己公司的品牌装备推荐给各个球队，而其产品也没有让队员们失望，确实是一个值得购买的新种类装备。

Under Armour 通过为不同的球队设计不同的装备，让该品牌声名大振，从 2005 年开始，该公司相继与奥本大学、德克萨斯州理工大学、南卡大学签订了合同，成为了该大学运动队运动装备的官方提供商，包括衣服、运动服饰和球鞋的提供。这一切的顺利进行，与创始人和公司的人脉资源优势是分不开的。

2. 技术资源优势

Under Armour 生产的紧身内衣，是由一种新的材质制作的，这种材质十分吸汗并且十分轻盈，能够让运动员在运动的过程中仍然保持一个清爽的状态，正是这种新技术的优势，让运动员摆脱了过去由于穿着纯棉运动装时大量出汗导致衣服十分粘贴人体的不舒服。

该品牌的紧身内衣都有其各自的特性，有的强调透气、有的宣扬舒适、有的主张减少摩擦……这些丰富的特性可以给消费者很多选择，让消费者根据自身需要进行购买。

Under Armour 的衣服甚至推出了抗紫外线的功能，通过应用高新科技，反射紫外线，能够让人保持清爽并且不被紫外线伤害。

Under Armour 通过其自身的高端市场的定位，走高科技路线，以其新技术开创了运动装备的新方向，这种新的思路也让该公司走上了一条创新的道路。

3. 人力资源优势

Under Armour 公司十分喜欢雇用退役运动员或者半职业运动员，充分利用这些人员对于运动产品的敏感度，从他们那里所获得的意见更加实用和有效。

由于大量专业运动员的存在，为 Under Armour 产品的制作赋予了灵魂，让产品更贴近运动员的生活，更加得到运动员们的青睐。

4. 品牌效应优势

Under Armour 将自身定位于体育专业装备，走高端路线，以其精致的做工和完美的设计，让该品牌迅速风靡，公司的紧身内衣就是其代表产品。

该公司相继与多个球队签订合同，甚至为美国总统奥巴马提供运动鞋，这一品牌效应为 Under Armour 带来了巨大的市场需求。该品牌经过几年的成长，其运动鞋在美国已经获得了仅次于耐克，排名第二的好成绩，而在美国专业的运动服饰市场，也已经打败了阿迪达斯和耐克，以专业市场占有率 75% 的绝对优势稳居第一。

Under Armour 品牌最初的切入点是为运动员提供运动服饰以及运动装备，而在 2007 年，该公司决定开始进入女性运动市场，通过其品牌效应，带动女性运动服饰市场的发展，从而拓宽企业的市场需求。

与此同时，Under Armour 还十分重视产品的售后服务，为消费者提供多方面的优质售后服务，得到了消费者的一致好评。

5. 产品分类优势

Under Armour 对自身的产品进行了一个很好的分类，消费者可以根据自身的需求去选择产品的系列。Under Armour 运动品牌分为 3 个系列装备，分别是热装备系列、冷装备系列和运动鞋系列。

热装备系列主打“透气、散热”功能，通过运用特殊的材质，让运动员在穿着这种装备进行比赛的时候，有很好的散热功能，能够加速汗液的蒸发，保持运动员身体干爽，让运动员以一个最佳的状态发挥出自身的水平。

冷装备系列主打“保暖、轻便”功能，以往的运动装备的保暖效果并不好，而 Under Armour 的冷装备系列采取了一种新的材质，这种材质制作的运动装备既可以保暖，又十分轻便，在运动员比赛的时候不会成为运动员的阻碍。

运动鞋系列的质量十分好，相较于其他运动鞋注重美观设计，Under Armour 的运动鞋强调性能，其独特的实用性可以陪伴运动员征服每一场比赛，并且对运动员脚的保护十分全面。

Under Armour 通过对健康运动的宣传，把握住当下因为经济的迅速发展所引起的人们消费水平的不断提高，从运动品牌的高端市场切入，获得了大量运动爱好者的青睐，引领了新的运动浪潮。

6. 有着强大的竞争对手

Under Armour 将高端市场作为切入点，将有着多年经验和群众基础的耐克和阿迪达斯作为竞争对手，可以很好地刺激 Under Armour 的企业发展，对手的强大会不断地鞭策企业继续努力，不松懈。同时，由于竞争对手的强大，Under Armour 可以学习借鉴对手的成功模式，结合自己的实际情况，从而打造出一个新的属于自己的好的模式和策略。

7. 十分开阔自由的市场

随着经济全球化的发展，Under Armour 的市场不仅仅是西方国家，近年来，Under Armour 已经进入了日本市场并且逐步进入亚洲市场，通过将自身打造成为一个国际品牌之后，大大地增加了其产品的销售量。而 Under Armour 面对中国这样一个人口众多的市场，仍然十分有压力。在中国市场，由于 Under Armour 的创办时间比较短，品牌效应不如耐克和阿迪达斯，这让其面临一个很大的挑战，但是我们也应该认识到，Under Armour 只要突破了这个挑战，那么其所面临的就是中国这样一个开放的大市场，这对于该运动品牌的发展是十分有利的。

在综合了以上的分析之后，我们了解到了作为体育高端品牌后起之秀的 Under Armour 所拥有的各种资源优势，我们相信在不久的将来，中国市场乃至国际市场都会有 Under Armour 的一片天地。

十三、业务维护工具：做与不做的利益分配

利益，内外都要合理分配

企业最重要的是商业模式，而商业模式最重要的就是为企业获取利益。企业有很多方法可以获得利益，可以通过不断完善商业模式，可以通过寻找更多的盈利点，可以通过整合企业的各种资源……

我们在之前已经谈到过，要设计一个商业模式的金字塔，就要对企业进行一个准确的定位，找到一个适合企业的盈利模式，整合企业的资源，为企业牟取利益。在我们做好了之前的步骤之后，为企业的发展打下了一个坚实的基础，我们现在就应该着手于企业的业务系统，学会分配企业利益，分配企业的内外利益。

企业内部利益相关者包括企业的投资者、管理层和员工。

企业投资者包括股东和机构投资者，投资者通过向企业提供企业运行必要的各种有形资本和无形资本，从而获取利润最大化。

管理层通过自身的管理能力和技术能力，对企业进行经营管理，在为企业获得利润的同时，也为自身牟取利益。

员工通过付出自身的劳动力和技术，为企业带来利益，而员工自身因为付出而获得利益。

企业的内部利益相关者需要有一个很好的企业内部分配。企业的平稳发展，首先要解决的是企业的内部分配问题。只有处理好了内部分配问题，才能够为企业留住人才，才能够充分调动企业工作人员的积极性，从而促进企业的可持续发展。那么企业的内部利益要如何分配呢？

“效率优先，兼顾公平”是邓小平在南方谈话中所提出来的社会主义建设的一个利益分配原则，是社会主义市场经济体制的客观要求。随着市场经济的不断发展，“效率优先，兼顾公平”原则有利于企业充分调动工作人员的积极性，改善企业活力不足和效率低下的疲软状态，为企业的稳定和长远发展奠定基础。

效率优先着重强调对企业生产力的提升，兼顾公平则强调通过利益的公平分配来留住人才。企业还可以通过建立一个完善的薪酬系统，从而提升企业员工的工作效率和积极性、创造性，为企业的内部分配作出一个很好的规范。企业的薪酬系统包括以下几个方面。

1. 企业员工的基本工资

基本工资是企业支付给员工的固定工资，也是员工的基本工资，员工的基本工资体现了企业分配制度的公平原则。基本工资一般结合企业员工的技术水平等级、岗位等级、绩效和工作时间等因素，确定一个员工的基本工资，基本工资体现了不同级别的工作人员的差别。

最近新推出的一种宽带薪酬体系开始受到大众的好评，这种薪酬体系强调员工的业绩和能力，将原本繁杂的薪酬等级合并成较为简单的等级，通过对员工业绩的考察，在级别之内工资的浮动甚至高达300%。

2007年，上海地铁运营有限公司实施了这种新的薪酬制度，员工的工资由“工资”、“补贴”以及“业绩考核”三者决定。这种制度可以提高企业工作人员的积极性，提高企业生产效率，有利于企业的长远发展。

2.“五险一金”制度

社会保险的特点是社会性和强制性，我们社会保险的缴纳是由企业和个人共同承担，包括“五险一金”，即：养老保险、医疗保险、失业保险、生育保险、工伤保险和住房公积金。企业对不同的险种支付不同的比例，这也是企业利益分配的一个方面。

3. 加班费用和津贴

企业对于工作人员的超时劳动要根据法律进行补偿，津贴则是因为员工工作环境的艰苦对其发放的一种特定的补贴报酬，比如对军人发放的津贴，还有夜班津贴，等等。

加班费用的支付和津贴的发放可以体现出一个企业对内部员工的尊重，强调对企业员工的可持续利用，有利于企业与员工的共同发展。

作为生产制造商的巨头，“富士康”公司经常被新闻爆出其压榨员工劳动力，克扣员工加班费的负面新闻。富士康作为苹果的代工厂之一，也不断地因为被苹果公司怀疑其违反劳动法而被不断审查。这种克扣工人加班费的行为，就是企业没有很好地处理企业内部利益分配的问题，这种问题的出现不利于企业的长远发展。

4. 奖金制度和绩效考核

奖金是企业对员工超额完成任务的除了工资和加班费之外的一种报酬。对于一个企业来说，在此之前的三种制度都是企业强制执行的，而奖金制度则不在强制范围内。奖金是一个企业激励制度的重点，如果一个企业有一个很好的奖金设置体系，就可以激励企业内部人员的工作积极性。

绩效考核是企业通过对员工的能力和业绩进行分析和不断调整，从而让企业能够合理利用企业人力资源。同时，绩效考核又是企业奖金确定的一大依据，能够达到对企业员工的激励效果。

每个公司都有其自身的绩效考核，比如商业银行职工每个月都有任务单，达到各种任务指标之后就可以获得奖金。其业务包括存贷款额度、信用卡办理数量等多种指标都算入绩效考核中。职工通过完成不同的任务数量，可以获得不同程度的奖励，这也是各大商业银行的一种对员工业务的激励制度。

5. 员工持股计划

许多企业实行公司员工内部持股计划，将企业的整体效益与员工的个人利益相结合，这是企业激励制度中的股权激励。

这种激励制度有利于企业民主管理的实施，同时能够以股份的方式留住企业人才，在为企业扩大资金来源的同时又能够增加企业持股员工的收入。

作为世界500强企业，华为公司并不是上市公司，其企业实行员工持股计划。企业员工根据其自身的工龄和级别等各种指标购买不同股票的数量，每个年度一次。华为通过这种内部持股制度，可以增加华为的净资产，扩大企业资本，降低企业的资产负债率，同时又可以减少企业的经营风险。

一个企业一般可以通过以上五种方式对企业内部的利益相关者合理地分配利益，而对于企业外部的利益相关者，我们该如何做呢？

企业的外部利益相关者包括产业链上的各个企业、政府、贷款者、竞争对手等。

产业链包括企业的供应商、生产商、销售商和消费者，是一个企业生产必不可少的产业链环节，通过整个不间断的环节让企业的生产和扩大再生产能够顺利地进行。

政府是为企业提供各种帮助的一个利益相关者，通过对企业提供各种公共服务，从而获取税收等收入。

企业的贷款者通过对企业进行贷款，成为企业的债权人，通过对企业收取利息而获得利益，一般来说拥有稳定现金流的企业比较容易获得贷款。

竞争对手对于一个企业来说是一个必不可少的环节，企业的竞争者对于企业来说是一个必不可少的存在，企业与竞争者的共存才能够让企业在市场上得到长远发展。

企业的利益相关者除了以上几种之外还有很多，那么对于企业的利益相关者，我们怎样去平衡其利益呢?

1. 正确处理好企业与竞争者之间的关系

企业并不是独立存在于这个社会中，这些利益相关者都有着不可替代的作用。这些利益相关者有着各自的目标，利益相关者都依靠着各自的信念在社会上生存。

企业在日常经营中，必须结合各方利益，才能够长远地发展下去，同时也能够促进企业又好又快地发展。在市场经济的发展中，企业与竞争者之间除了竞争还要有合作，通过企业联盟合作，共同完善企业的产业链，为企业的发展奠定一个坚实的基础。

正视竞争对手有益于提高企业的竞争优势，加速企业的产业结构改造，有利于企业的市场开拓，共同追求行业的未来发展利益。

作为乳品行业的两大巨头，蒙牛和伊利之间的竞争十分激烈。两个企业之间一直在竞争中共同发展，无论是在品牌定位上还是在产品分类上，都有着十分相似的营销方案。蒙牛和伊利在新产品市场的开发上丝毫不会让步，只要对手推出一个新的产品，另一个就会紧跟节奏，迅速推出相似的、能够与之抗衡的新产品，在行业上形成了两极分化的市场。而蒙牛和伊利双方的较量，也让两个企业通过不断完善自身而壮大起来。

2. 处理好企业与政府之间的关系

企业在日常经济活动中，必须遵循政府的管理，企业可以通过把握政府政策来为企业赢得利益。而从企业的根本利益来说，企业的利益与国家和社会的利益是一致的。

企业应该通过加强企业与政府的信息交流，及时把握政府的政策，从而获得第一手信息，让企业能够领先于其他竞争者，获得最大利益。而企业的许多活动也需要得到政府的支持，这样才能够在市场上获得长远的发展。

环保产业作为一种新兴产业，就得到了政府在政策方面的许多支持，政府通过建立一个健全完善的环保产业市场体系，为环保产业的发展建立了一个很好的外部环境，有利于环保产业的可持续发展。

3. 处理好企业与各个产业链的关系

一个企业不能将产品的所有产业链都完成，所以不同的企业就负责产业链上面的不同环节。对于企业来说，只有处理好上下游产业链之间的关系，企业才能够实现一个可持续的生产。企业与上下游产业链是相互依存、密不可分的。

企业上游产业链为企业提供生产的原材料，而下游产业链则负责企业的组装和销售等，所以企业必须将上下游产业连接起来，共同发展。

作为中国的最大代工厂，富士康通过其大规模制造和快速生产的能力，赢得了许多电子企业的青睐。而其作为生产制造商，富士康很好地完成了其自身作为上游产业链的任务，为工业生产的可持续发展作出了巨大贡献。

总之，不管是企业的内部利益分配还是外部利益分配，对于一个企业来说都是十分重要的，企业只有不断完善对利益相关者的利益分配，才能够促进企业的长远发展，为企业和市场的不断完善作出贡献。

为产品和服务划定界限

业务系统是一个企业商业模式的核心，要想让企业的业务系统做好，就必须清楚地知道企业自身的发展方向，为企业的产品和服务划定界限，确定企业产品的定位目标和方向以及企业提供服务的范围。

企业的发展并不是一个撒大网抓大鱼的过程，企业必须清楚地知道自己要的是什么。企业的产品从设计到生产出来，再到销售出去，整个过程由于其复杂性，需要涉及许多人和企业。也就是说一个产品的生产需要经过原材料供应商、生产制造商、配件组装商、产品运输商和产品销售商的参与，这并不是一个企业就能够完成的。参与到整个过程的各个利益相关者就组成了一个业务系统。

由于企业能力和资金的有限性，要求企业的发展必须为产品和服务划定界限，确定好企业应该做的是哪一个环节。那么企业应该怎样为产品和服务划定界限呢？

1. 做一个好的营销规划

企业首先要做一个专业的营销规划，由各个专业部门通过对市场的专业调查和分析，作出一个营销规划。

通过对以往的月度、季度和年度业绩总结，结合企业的费用投入和产出，对新的一个季度作出一个合理的营销规划。这种通过过去的业绩总结出来的策略，对于企业的产品销售起着十分重要的作用。

同时，营销规划也离不开对企业的产品发展趋势的分析，以及对市场的宏观经济的判断。对于一个企业的产品来说，过去的业绩并不是决定因素，未来的发展前景才是企业营销规划最重要的一个部分。通过对企业产品的未来发展的判定，可以决定企业是否继续生产该产品，还是转而投入生产新产品。

苹果公司的 iphone 手机的成功离不开其优秀的营销规划。苹果公司通过对其顾客、企业、环境、合作者和竞争者的充分分析，为其 iphone 的发展作出一个很好的营销规划。通过对手机市场的划分，分别针对商务人士、青年人士和 IT 人士推出了商务型手机、娱乐型手机和开发型手机，很好地满足了这三大消费者群体的市场需求。

通过对未来产品发展的预测，苹果不断更新 iphone 系列手机，通过掌握尖端技术，苹果公司生产出来的手机都是当下时代的尖端技术产物，在市场上获得了好评，征服了众多消费者。

2. 对产品进行规划界限

对企业产品进行一个定位是十分重要的工作，通过高端市场、中端市场和低端市场来定位企业的产品，有利于企业在一开始就确定产品的销售价格、目标消费者群体和技术上的应用。

在对产品定位的同时，还要对企业产品线进行定位，以目标产品为主导，形成一系列的组合产品，也就是确定企业产品线的扩张和延伸能够接受的范围。企业必须在考虑到自身的实力和资金问题后，才能对企业产品线进行扩张和延伸，从而通过增加产品的规模和品牌分类，达到满足更多消费者要求的目的，从而提升企业产品的品牌价值。

除了对企业产品的生产进行定位之外，还要对产品的价格进行定位。通过之前的市场定位，以此为基础，对产品进行价格定位，通过产品价格组合来满足不同消费者的需要，从而达到为企业牟取利润的目的。

华为公司自从进军手机市场之后，对其自身推出的手机都进行了一个很好的定位。针对中高端手机市场，华为推出了荣耀系列作为性价比超高的中端手机和 P 系列的高端手机，从而为华为扩大了知名度和品牌效应。

而华为也在不断完善其手机行业的产品线，通过不断地推出新型号、新系列的手机，通过其自身对各个产品的界定，成功地分布了手机的高端、中端和低端市场，满足了不同消费者的不同要求，为企业树立了一个很好的形象，也为企业扩大了利润空间。

3. 对服务进行规划界限

企业的交易模式并不是在销售产品之后就结束了，还要负责为消费者提供服务。企业真正的交易价值应该是消费者在购买了企业的产品之后所获得的相应服务。

企业的服务包括售前服务、售中服务和售后服务。售前服务是企业通过提供产品信息供消费者选购的过程，可以达到产品促销的目的。售中服务是在消费者购买产品的同时对消费者提供的对产品的技术指导，确保消费者能够单独操作产品的服务。售后服务是在消费者购买完产品之后，为消费者提供的送货上门或者提供保修等服务。

对于企业来说，做好这三种服务可以为企业树立一个很好的形象，有利于培养消费者的忠诚度，从而在消费者和企业之间建立起一个可持续的关系，有利于企业的长远发展。

苏宁电器在2011年家电采购旺季的时候，为消费者推出了一系列的售前、售中、售后一条龙服务，从产品的导购服务到保养，都为消费者提供了一个全方位的服务。苏宁电器除了通过在实体店配备多名专业导购人员，为消费者提供专业的信息咨询和技术指导外，还为消费者提供一整套的家电整体配置的建议，有利于消费者的整体购买。此外，消费者还可以通过发票享受一年的免费电器保养，包括空调的拆洗服务和厨卫的安全监测等。苏宁电器为消费者提供的这些服务，让苏宁电器更受大众欢迎，在家电市场的地位更加牢固。

4. 做企业力所能及的事情

企业要想成功，必须充分认识到自身的能力，做自己力所能及的事情。随着企业的发展，跨国公司的出现，就要求企业开始对海外公司进行放权，专注做企业的核心产品，而其他企业无暇顾及的就让其他企业代为生产。

企业通过做自己力所能及的事情，可以让企业向产品专业化发展，也有利于企业产品的不断创新。

可口可乐公司在发展的初期，包揽了饮料的生产和瓶子的包装。但是随着经济全球化的发展，可口可乐的国际化让可口可乐公司的产品运输费用增加，大大地增大了企业的生产和销售成本，缩小了企业的利润空间。于是，可口可乐公司决定将产品的包装业务，也就是瓶子的生产授权给海外公司，然后通过给海外的授权生产商运输可乐浓缩液来获得利益。可口可乐这个新的业务模式，大大地减少了企业的运输费用，也就意味着企业的利润空间变大了，同时也有利于可口可乐公司在国际市场上的发展。

一个企业没有能够去包揽整个生产链的能力，所以企业必须对自己的产品和服务进行定位，明确企业在做什么、怎么做。企业通过为产品和服务划定界限，有利于企业更加专注于产品以及产品线的研发，让企业在既定范围内活动。这样既有利于企业产品的创新，又能够让企业的产品发展不偏离轨道。

所有人动起来共同维护

一个好的商业模式可以让企业利润最大化，一个好的业务系统是商业模式的重要影响因素，所以业务系统对于企业来说是十分重要的。通过对企业内部和外部利益的合理分配和对企业产品和服务的定位就是在不断地完善和维护企业的业务系统。

企业的业务系统是一个通过利益调动多方积极性的系统，只有每个利益相关者一起动起来共同维护和运转业务系统，业务系统才能够为各个利益相关者争取利益。

曾经有一个故事，讲述的是一个保险推销员在获得第一个顾客之后，就一直缠着这个顾客，说要为其提供最完美的服务，于是就每天跟着这个顾客。终于，顾客受不了了，就问推销员要怎样这位推销员才不会再跟着他，推销员说："只要替我介绍其他的客人，我就没空跟着你了。"这位顾客为了不受推销员的"骚扰"，就为保险销售员介绍了其他的客户，而每一个新客户也都会采取同一个办法去逃避推销员的"骚扰"。这一事件的获利者就是这个推销员，通过利用顾客的人脉关系，让顾客为自己拉来巨大的客户源，为自己的工作带来了极大的便利和利益。

这个销售人员通过让顾客动起来，为自己争取了更多的利益。那么作为企业来说，怎样让所有人都动起来呢？

1. 开拓新的销售方式

经济全球化的今天，传统的销售模式已经不能满足消费者和企业的需求，企业开始不断寻求一个新的销售方式来扩大自身的市场，提高销售量。随着互联网的发展，许多企业走向了网络销售的道路，这就是企业不断寻求新的销售模式的一个成功模式。企业要通过利益诱惑，让各方人士都积极行动起来，为企业赚取利益。

凡客诚品作为一个网络购物平台，通过其独特的客户体验和各种便捷的支付方式，已经得到了许多消费者的喜爱，拥有了大量的忠实消费者，但是凡客诚品不会满足于一时的小成功。

2010 年，凡客诚品开始对在校大学生发起了一个新的销售模式，就是在全国各大高校招募校园代理。校园代理商通过为学生代购，可以获得销售额的提成，还可以在销售额达到一定额度之后获得凡客诚品支付的底薪和奖金。而对于大学生消费者来说，通过代理商购买产品，可以免去商品的邮费，还可以参加一些特定的优惠活动，并且代理商会送货上门，为消费者提供了许多便利。

凡客诚品通过设立校园代理商，开启了一个颠覆性的销售模式，充分地利用了大学校园这一个庞大的市场。凡客诚品通过让利给代理商和消费者，为凡客诚品带来了大量的销售额，充分调动了各方的积极性，为凡客诚品的长远发展作出了贡献。

2. 让每个工作人员都去招揽顾客

作为企业来说，如果能够充分调动每一个工作人员的积极性，利用好这个人力资源，对企业是有百利而无一害的。相较于仅仅是让销售人员去销售商品，如果能够动员所有的工作人员都去招揽顾客，一定能够为企业带来更大利润。

银行职工就是一个很好的例子，银行的职工除去自己的本职工作之外，每个月还有一些分派任务，包括存贷款额度、开户数量等。银行通过这些任务，把银行里的每一个工作人员的潜能都挖掘出来。

Under Armour 也是如此，作为一个新兴的高端体育品牌，其工作人员并不是坐在办公室进行工作和策划，而是走进运动员的生活中去，这样就能够在那些运动员身上获得最有可信度的信息，才能让 Under Armour 的产品得到消费者的认可和青睐，为企业带来利益。

3. 让工作人员成为企业股东

企业要想让大家都动起来，为企业赚取更大的利益，就要让企业的利益和员工利益相关联，这样才能充分调动员工的积极性。其中的方法之一就是让员工成为企业的股东，也就是实行内部持股制度，员工持股是股权激励的一种方式。

华为公司实行的就是内部持股制度。通过员工的等级和工作年限分配员工可以认购的股份，将员工的利益与企业的利益相结合，让企业员工的积极性能够充分地被激发，同时也扩大了企业的资本，有利于企业的长远发展。

大润发企业作为一个零售企业，普通员工的工资相对于其他工作人员来说是较低的。为了留住这些员工，同时又能够很好地调动员工积极性，大润发企业实行了企业内部持股制度。包括收银员在内的所有员工都可以对大润发进行持股，这让大润发和员工的利益捆绑起来，使员工发自内心地为企业努力工作和奋斗，为企业获得更大利益。

4. 企业直销

企业直销是属于煽动销售模式的一种，宣扬的是一种沟通技巧。从消费者的心理出发，通过语言和沟通技巧，从而达到说服顾客的目的。企业直销可以通过对消费者的一对一沟通，激发消费者对产品的兴趣，可以为企业带来销售量和利益。

玫凯琳作为全球最大的护肤品的直销企业之一，多年来稳居美国护肤品和彩妆品市场的第一名，被称为最畅销的护肤和化妆品牌，也是第一家获得中国国家外贸部等各个官方部门批准的化妆品直销公司。玫凯琳通过这种直销模式，与消费者进行一对一的沟通，有利于解决消费者的个人疑问。

雅芳也效仿玫凯琳，走直销模式。雅芳在中国之所以可以成功，主要是通过专卖店和网络销售等各种全方位的营销模式让雅芳获得了巨大的利润。雅芳通过在中国建立一套将零售模式和直销模式相结合的特殊模式从而加固了雅芳的总部、直销员和消费者之间的关系。

此外，还有安利和丸美等，都是采取了这种直销的方式去为企业获得更多的利益。

5. 将产品的完善和优化交给消费者

一般来说，产品都是在趋于完善的时候才会被推出市场的，让消费者认识、接受这个产品。但是也有一些企业走逆向策略，通过将一个粗略的、不完善的产品推出，通过消费者的试用和信息反馈，对产品进行修正，让消费者参与其中。

腾讯产品的推出就是这样的一个过程。腾讯推出的软件从来都不是一个无懈可击的产品，通常腾讯都是选择将一个概念产品的初步构造制作出来，然后推向市场，经过消费者的试用和信息反馈，不断地完善和优化软件。腾讯通过这一举动，很好地利用了消费者的集体智慧，同时也减少了企业的开支。

6. 企业通过提供一个平台调动各方人员

有些企业只是单纯作为一个信息平台，通过为各方提供信息而收取手续费。这个平台通常是信息的集合点，也是服务行业的一个代表。

旅行社作为一个企业，为消费者提供关于旅游的各方信息，包括提供旅游的经典路线、住宿、饮食等，甚至还可以为旅游者代办出境、入境手续和签证手续等增值服务。

作为旅游活动的组织者，旅行社要为消费者提供一个完美舒适的服务，就要充分调动各方利益。旅行社作为一个平台，将各个酒店、景点、车程信息都归结起来供消费者选择，通过将旅游的各个程序分解开来，各个公司通过给旅行社的不同提成，从而说服旅行社为自己提供客户。旅行社通过这种方式充分调动各个程序的相关企业，在为各个企业带来利润的同时，也为自己获得了利润。

最早的电视购物出现于美国，在网购还没有这么风靡的时候，电视购物是一个新兴的购物方式，在美国和日本都十分流行。电视购物频道作为一个平台，为各个商家提供一个销售途径。而这个电视频道的存在就需要消费者和各个商家的认可，电视购物频道只有充分调动各个利益相关者的积极性，才能让他们参与到整个交易系统中去。

一个企业要想成功，就必须学会如何调动各个利益相关者的积极性。让大家都动起来，一同维护企业的业务系统，才能不断地开拓市场，更好地完善企业业务系统，为企业获得长远的可持续利益。

商品背后的秘密

企业业务系统的维护，不仅仅是划分企业产品和服务的界限，让大家一起来维护，还要认识到商品的内在和商品背后的秘密并挖掘出来。

那么，企业应该如何确定自身商品背后隐藏的东西呢？

1. 了解产业链的所有环节

企业通过了解该行业产业链的所有环节，可以很好地分析企业生产所占用的市场优势和需要解决的问题，从而可以为企业明确定位，成功地找到企业的特有价值，并且为企业找到商品背后能够带来的价值奠定基础。

网络购物的一个关键点在于物流，由于是网上购物，所以货物到消费者的手上就必须经过物流公司。网购行业的不断发展也刺激了物流公司的发展。2010 年，淘宝网决定开始执行一个“淘宝大物流”计划，通过并购或者重新建立的方式，打造一个属于淘宝自己的物流圈，从而为淘宝扩大利益空间。淘宝的这个新计划，就是在完善淘宝企业的整个交易环节，淘宝只要加入了这个物流环节，就把网购的整个产业链都包括在内，也就为淘宝扩大了利益空间。

2. 灵活运用简单法则，标准化企业业务系统

企业在发展期，往往会不断扩大企业的业务系统，由此获取利益。而随着企业发展的不断深入，企业应该开始运用简单法则，标准化企业的业务系统，让企业专注于某一个业务的发展，将企业的非核心业务进行外包，让企业能够集中各种人力、物力资源去完善主营业务。

苹果随着其技术的不断发展，开始进行简单法则，将产品生产的组装环节外包出去，而本企业一心投入于企业产品的研发中。技术研发的利益要远远大于企业的生产环节带来的利益。当企业进行一个减法操作之后，可以更好地发掘出企业商品背后隐藏的东西。

通过以上的两个方法，可以帮助企业确立一个应该如何找到企业在商品之外能够给消费者提供的东西。通过商品背后的东西让企业能够获得更大利益。

我们都知道消费者购买商品是为了满足自己的某种需要，而除去一些生活必需品，其他的一些享受类商品或者说一些具有增值服务的商品，我们购买的目的往往是商品背后隐藏的东西。

1. 商品背后出售的可以满足用户需求的东西

企业为消费者提供的是一个可以满足消费者需求的商品，消费者的需求同时分为显性需求和隐性需求。许多商品都只是停留在满足消费者的显性需求上面，而对于企业来说，谁能率先掌握消费者的隐性需求，也就率先控制了市场，就能为企业带来巨大的利益。

腾讯作为一个互联网公司，同时也是一个商家。腾讯的主营业务是即时聊天工具腾讯 QQ，而腾讯 QQ 是免费为消费者提供的，只要你申请，就可以获得一个只属于你的账号。那么腾讯的利益从何而来呢？除去为其他企业提供一个广告平台之外，腾讯还为消费者提供了许多增值服务，而这些增值服务就是商品背后的消费者需要的东西。

QQ 宠物是腾讯推出的一款喂养游戏，用户通过对自己宠物的关爱，让宠物通过学习、打工和游戏等方式，不断地成长。作为一个游戏，QQ 宠物不仅仅是满足了消费者的游戏心理，更是为家里不能真正地养宠物的用户提供一个模拟的平台。那么对于这类用户群体来说，这就是商品背后隐藏的秘密，也是吸引他们的东西。

而 QQ 农村的出现，通过游戏为用户提供了一个减压的方式。在这个生活节奏十分快的时代，人们忙着生活、忙着工作，巨大的压力让许多人透不过气来。而QQ农村让用户以一种特殊的“偷菜”方式去达到一个减压的效果。这也是这个娱乐游戏推出的目的。QQ农村之所以能够有这样一个巨大的游戏市场，正是其作为一款游戏商品给消费者带来的背后隐藏的减压效果。

2. 商品背后出售的服务

我们总说完成商品的交割并不是一次完整的交易活动，我们购买的商品，还包括之后所提供的售后服务。如果一个企业能够为消费者提供一个很好的服务，也就意味着成功了一半。好的服务可以为企业留住客户，这种可持续的客源才是企业的利益支撑者。

随着科技的不断发展和完善，除去企业的核心技术之外，产品的各方面并不会有太大的区别，这时候对于企业来说，售后服务就成为企业的一个销售环节，成为企业留住消费者的一个努力方向。

海尔公司无论是在国内还是在国际上都有着很好的口碑，其售后上门服务给消费者带来了许多便利。海尔公司在接到消费者的售后服务电话之后，会对消费者进行操作指导，如果还是不能解决故障，工作人员就会根据消费者反映的问题准备好一切可能用得上的工具，确认好用户的联系方式和地址，协定好上门时间。这一系列的行为都体现了海尔售后服务的细心。而当维修人员来到用户家中的时候，会事先和用户说明保修范围和各类收费标准，这样一来有利于消费者决定是否要继续进行维修行为。而在最后，服务中心还会针对这次维修对消费者进行电话咨询满意程度。海尔公司对于售后服务的用心，为海尔奠定了一个庞大的消费者群体。

对于海尔公司来说，在销售出一个商品之后，附带的还将其商品背后的服务也销售出去，为消费者提供了一整套完善的服务，这就是海尔公司隐藏在商品背后的秘密——售后服务。

3. 在商品的背后获得的利益

销售方式有很多种，有的是购买商品，免费提供服务；有的是免费提供商品，而需要消费者支付服务费用。不管是哪一种销售方式，只要是符合企业实际情况的，就可以为企业带来利润。

移动网络的发展，让现代人越来越多地拥有了移动设备。在过去，我们要拥有一个移动电话的号码，需要拿着身份证去运营商处开户，然后给你一个专属的号码。而随着移动手机的普及，近几年来我们不再需要亲自到运营商的服务大厅去开户，而是可以通过去各个营销点购买一个手机套卡，然后开通就可以使用了。还有一部分群体会通过通信运营商去完成购机的过程，比如近年来十分火热的“0 元购机”活动。中国移动和中国联通通过销售预购套餐和“0 元购机”相结合来推销一个长达 1 年或者 2 年的合作，这样一来，也为运营商留住了顾客。毕竟现在有许多人电话号码的更换是十分频繁的，甚至包括对运营商的更换。表面上消费者免费购买了手机，支付的费用也是全额变为花费转到消费者账户下，而实际上在这个交易的背后为运营商提供了一个长期的消费者，能够从中为运营商保证客源，为运营商获得更多利益。

4. 商品背后的机制和产品

许多企业所做的主营业务并不是我们消费者初步接触的商品，其背后的业务看上去与我们无关，实际上却是与我们的生活紧紧相连。

淘宝网作为我国的一个电子商务平台，为商家和消费者提供了一个平台，让大家可以通过互联网进行交易，为商家省去了实体店的店租费用，也为消费者提供了更多商家对比和较便宜的货物。作为淘宝网本身来说，除去收取广告费之外，其最大的成就在于建立起来一个诚信机制和开启了一个第三方支付平台——支付宝。

在网上购物还不完善的阶段，淘宝网通过其长期建立起来的一个诚信机制，让大家能够放心地进行网络购物。

说到支付宝，它是阿里巴巴的骄傲。支付宝作为第三方支付平台，为消费者和商家提供了一个担保交易模式。买家向卖家支付的款项暂时存放在支付宝账户中，等到买家确认收到货物之后，再将货款转入到卖家账户中，从而完成一次交易。支付宝平台为淘宝提供了一个支付安全保障。

无论是淘宝的诚信机制还是第三方支付端，以及其物流流程，都不是消费者购买商品的目的，但是每个消费者通过淘宝网购买商品却离不开这些东西，这些都是企业在商品背后的产品，都是商品背后的秘密。

许多企业之间的合作，看中的不是企业商品本身，而是商品背后的那些隐藏起来的秘密，比如其增值服务带来的收益、商品背后的服务为企业带来的效应、商品为企业带来的可持续利益和商品背后的机制和程序。这些隐藏起来的东西都可以为企业带来固定的可持续收入，有利于企业的长远发展。

这些商品背后的秘密，和商品组成了企业的业务系统，都是企业发展不可缺少的东西。企业只有维护好业务系统，才能维护好企业的商业模式，为企业的可持续发展奠定基础。

商业案例评析

美国高通的标准业务系统进化

成立于1985年的高通是美国的一个无线电通信技术研发公司，通过其自身的CDMA技术领先于世界，并且以此数字技术为基础，致力于无线通信的产品发展和服务。

当下，高通公司正在为全球3G网络的覆盖而努力，为此，该公司已经向全球发放CDMA专利许可给超过140家通信业电信设备制造商，包括中国在内。早在2002年，中国联通就与高通公司合作，在中国正式开启了CDMA网络，也为中国3G无线市场开启了新的篇章。

说高通公司是一个非常成功的公司没有谁会反对，那么成就高通的是什么呢？当然是其优秀的商业模式和商业模式下标准业务系统的不断进化。

什么叫做标准呢？有一句话叫做："一流企业定标准、二流企业做品牌、三流企业卖技术、四流企业做产品"，这句话说的是一个企业在市场的地位就决定了企业能够做什么。所谓的标准之争其实就是企业之间市场的竞争。哪个企业负责制定标准，也就意味着这个企业在市场中的领先地位。

高通公司标准业务在不断进化的道路上经历了许多，下面让我们来好好地分析一下。

1. 了解产业链上的所有环节

我们在上文中说过，企业可以通过了解产业链的所有环节，从而分析企业所占有的市场优势和需要解决的问题。高通公司在刚刚将 CDMA 推出市场的时候，其最大的竞争对手是在市场上先入为主的全球通“GSM”，那么如何说服电信设备商应用 CDMA，从而扩大 CDMA 的市场就成了高通所面临的首要问题。

为了让 CDMA 能够拥有更加广阔的市场，高通公司决定自己构建一个产业链，以 CDMA 为中心，从技术开发到电信设备生产、电信运营和手机终端，囊括了通信业的整个产业链。这样一来，高通就不再担心没有电信通信行业运用这一项技术了。

同时高通公司还不断地与大公司合作，将 CDMA 运用到车载无线系统上面，运用到各个可以应用无线网络的终端上面，让更多的终端用上了高通的 CDMA 系统。

通过高通公司的这一切努力，CDMA 不断成长和壮大，终于在 1993 年，高通的 CDMA 技术被美国典型标准协会承认，将其纳入标准化系统，最终迎来了市场的认可。

2. 通过简单法则，让高通更加注重技术发展

随着高通的产业链战略，让高通的 CDMA 技术得到了行业的认可。而在 CDMA 被接受之后，高通开始将之前企业建立的产业链上的各个板块中的非主营业务卖出，继而又开始了核心技术的研发。

在转卖的过程中，高通企业大赚了一笔。而在技术研发上，高通自己研发的 BREW 平台，为各个技术开发者提供了软件开发的工具箱，为设备制造商提供了一个应用平台，同时也为 CDMA 的市场开拓注入了新的活力。

3. 采取专利授权的模式

当高通通过上面的简单法则将非主营业务转卖出去之后，针对自己的主营业务，就是技术开发业务，采取专利授权模式交给各大运营商，从中赚取利益。

高通公司对自己的CDMA等高新技术申请了大量的专利保护，这些足以改变全球无线网络的技术，拥有很大的市场需求。而高通的高新技术对于整个市场和行业来说，是十分具有竞争力的，同时这种高新技术也在不断促进行业的进步和升级。

高通这种申请专利保护、获得大量利益的行为，为专利保护作出了一个正面的榜样，也让更多的企业看到了申请专利的重要性，这对于各个行业来说都是值得学习的。

高通通过以上三个变化，将高通公司这个从囊括整个生产链的全方位业务系统，到后来通过减法法则将非主营业务都转卖出去，经历了一个业务系统的由复杂到精简的进化过程很好地表现出来了。

十四、现金流管理工具：保证资金良性循环

你的现金流足够自由吗？

我们一直在强调商业模式对于企业的重要性，而上文中也在不断地分析商业模式的各个具体内容。一个好的商业模式离不开对企业的定位、盈利模式、资源的整合和业务系统的设计与完善，这些都可以让企业获得利益，体现企业价值，而商业模式中还有一个关键点就是企业的现金流结构，企业的价值可以用现金流的自由程度来判定。

企业现金流是影响企业实现价值最大化的一个因素，对于投资者来说，他们最看重的是对企业投资所能够获得的利益。对于一个企业来说，企业投资价值的高低取决于对企业未来预期现金流量的大小和持续能力。企业的未来预期发展越好，企业的投资价值就越大，企业未来所能够获得的利润就越大。

企业的自由现金流指的是一个企业可以自由支配的现金，这些现金流通常用于企业进行偿还企业债务、进行技术和产品投资、支付股东利息等。企业的自由现金流越多，也就意味着企业的利益越大。

那么一个企业为求利益最大化，在现金流结构上可以通过哪些途径去实现呢？

1. 控制企业生产经营成本

企业要获得更多的现金流，可以通过控制企业成本来实现，但是生产经营成本的控制和减少并不是盲目的，要注意在减少成本的同时也要保证企业的竞争力不会受到影响，并且企业能够正常运行。

对于中小企业来说，控制成本有利于降低企业产品的成本，扩大产品的利润空间，从而为企业实现利润最大化。

如家快捷酒店作为一个经济型酒店，其客房设施十分简单，相关的辅助设施也十分简化，省去了一般酒店的 KTV 等娱乐中心，充分利用企业的空间，将其变为酒店的客房，从而在减少酒店经营成本的同时也扩大了企业能够提供的客房量，为企业扩大了利润空间。同时，相较于一般的酒店，如家只提供早餐服务，并且工作人员也大大减少，这也是如家减少成本的一个方式。如家的另一个减少成本的杀手锏就是通过其连锁店的规模，可以进行统一采购，从而减少企业的采购成本，让如家能够获得更多利益。

在控制成本方面，沃尔玛连锁店也做得很好，沃尔玛的销售理念是“天天平价，始终如一”。沃尔玛之所以能够有今天的成就，离不开其对企业成本的控制，包括货物采购、存货和销售上面都采取了控制成本的方法。在成本控制方面，沃尔玛连锁店向工厂统一采购，巨大的采购量让沃尔玛能够得到一个较低廉的价格，而在存货配送方面，沃尔玛则通过建立自己的物流配送中心来解决各个店铺的订货和补货问题，甚至建立了自己的运输车队，这样一来也就有效地减少了沃尔玛的运输成本。

如家快捷酒店和沃尔玛公司通过对企业成本的控制，减少了企业的运营成本，也就意味着扩大了企业的自由现金流，扩大了企业的利润空间。

2. 减小企业的投资规模

投资是一个企业生产和发展的关键，对于一个企业来说，投资是一个长期的持续投入，具有较大的风险。所以对于一个企业来说，尤其处于新创办和发展时期，企业要合理地确定投资规模，不能盲目投资。如果一个企业减小投资规模，就可以为企业带来更多的自由现金流，同时也能减少企业投资的风险。

前几年中国房地产业已经被炒到了一定高度，房价居高不下，房地产商也在不断地进行房地产投资。而近两年来，由于中国的房地产业开始趋向于饱和状态，投资商和投资机构也认识到这个问题，尤其是在中共十八大提出了“美丽中国”这一说法之后，中国城市化的发展不再是单纯地追求楼房的构建，而是生活水平和质量上的提高。在这种情况下，投资机构对于房地产的投资就要十分谨慎了，投资机构可以通过减少对房地产行业的投资，减少投资风险，同时可以扩大机构的自由现金流，从事其他行业的投资，可以为企业获得利益。

前面提到的高通公司也是如此，在其CDMA技术得到行业的认可，不断地有运营商引进其技术之后，该公司就开始转卖掉非主营业务，减少企业的投资规模，让企业拥有更多的自由现金流，从而能够更加专心地投入到企业的技术研发上，减小投资规模，能将企业的资金专注于技术研发，让企业能够在技术上更进一步。

3. 加大企业现金流的持续增长

不管是企业的股东还是工作人员，都希望企业能够有一个持续的增长。对于企业来说，自由现金流就相当于企业的“血液”，自由现金流保持一定的数量，企业才能健康地成长和发展。现金流的可持续增长，也就是企业价值和利益的可持续增长。

2009 年，在国家政策扶持下，经济也开始从 2008 年的金融危机中得到复苏，在这一年，许多行业都开始回到正常的运行中，企业现金流的增长也开始恢复正常。根据汽车行业的年报数据显示，2009 年汽车行业的现金流同比增长高达 436.44%，在这种情况下，许多企业开始对股东进行分红和派股，让企业股东获得了巨大利益。

经济的复苏也让旅游业开始回到一个发展阶段，2009 年旅游酒店的现金流同比增长达到 68.35%，而农林牧渔行业的现金流同比增长达到了 47.23%，电力企业的现金流增长也达到了 79.10%。这些数据都表明了经济复苏对企业现金流的影响，同时我们也看到了现金流的增长对于企业乃至于整个行业来说都是十分重要的。

通过这三种方法，可以为企业获得更多的自由现金流，为企业带来利益。也就是说现金流量对于企业的发展是十分重要的，那么我们怎样去判断一个企业现金流量是否合理呢？

通过对企业的历史绩效进行分析也就是对企业的价值进行分析。我们都知道，企业的机会成本的投资收益越高，也就意味着企业创造的价值越大。通过对企业的历史绩效进行分析，能够很好地判断企业当下的现金流结构是否合理，是否需要改善。当然企业还可以通过分析自身的特点和在市场上的竞争力，扬长避短，在制订好一个企业的发展计划之后，就可以对企业未来的绩效进行预测。企业未来绩效的影响因素包括企业之间的竞争、新企业所带来的威胁、产业链上下游的交流和供给与替代产品出现的应对方式。通过对企业未来市场的预测，从当下的收入估测到未来自由现金流。

一个企业只有拥有了足够的自由现金流，才能很好地为企业发展奠定基础，为企业获得更多的利益。这是企业的现金流结构完善的要求，也是企业好的商业模式的体现。

不断改善设计新的资金结构

世界上没有什么是不变的，企业也是一样。一个好的商业模式就是要不断适应企业的发展，随着企业的变化而不断完善。而企业商业模式中的资金结构环节也是如此，企业只有不断改善设计新的资金结构，才能让企业的资金结构与企业的发展相结合，为企业的发展尽一份力。

企业的发展就是一个不断追求利益的过程。企业只有通过不断改善资金结构，设计出一个新的与企业相适应的资金结构，才能够为企业带来更多利润。

资金结构对于企业来说是十分重要的，资金结构理论包括以下几种。

1. 净收益理论

这种理论认为企业的债务成本是比较低的，所以当一个企业的负债率越高的时候，也就意味着企业的综合资金成本越低，企业的价值就越大，企业利润就越大。企业的利润会随着企业负债比率的上升而增加，当企业负债比率达到 100% 时，企业的价值也就达到了最大值。

2. MM 理论

这种理论和净收益理论有一定的相似，认为企业会随着企业的负债程度上升而获得更多的利益，也就意味着企业的价值越大。但是MM理论和净收益理论的区别在于MM理论的实现是有前提的，前提就是当企业和个人所得税都被忽略以及企业价值和企业的负债没有关系的情况下，企业的利益才能够与负债程度呈现一个正相关关系。

3. 净营业收益理论

这个理论与其他理论的区别在于该理论认为企业的资金结构和企业的价值没有关系，企业的净营业收益才是影响和决定企业价值高低的关键所在。这个理论坚持认为企业的资金结构和企业的价值没有关联，所以也就不存在所谓的最佳资金结构。

4. 平衡理论

这个理论十分肯定最优资金结构是存在的。该理论认为，当企业负债程度较低的时候，企业的价值会随着企业的负债的增加而增加，而当企业负债达到一定程度的时候，企业的成本和企业的负债税额庇护利益就会相抵消，最终达到平衡状态，这时候也是企业价值最大化和资金结构最优的时候。

当然，企业的资金结构理论远远不止这几个，我们只是挑选了其中的几个理论来了解一下。企业只有了解了资金结构的理论，才能够更好地把握住企业的资金结构。

企业资金结构的优化一般表现在三个方面：企业资本和负债结构的优化、企业资本内部结构的优化和企业资本结构的优化。这三个方式可以让企业具有更强的对债务的承担能力和清偿能力，不断完善企业的产权结构，使之不断趋于合理，让企业能够不断发展和获得最大利益。那么企业应如何改善资金结构呢？

1. 对企业整体的资金结构进行改善优化

对于企业来说，资金结构的优化方式有许多，企业可以通过扩大资金来源达到扩大规模的目的，而企业的规模越大，也就说明企业能够实现多元化的模式，也可以让企业的风险得到分散。同时企业的扩大经营可以让企业树立一个品牌形象，让企业可以获得更多的资金来源，无论是从银行处获得贷款，还是从社会上获得资金支持。品牌效应还可以让企业通过私募股票的方式为企业筹集资金，或者是通过公开发行股票来达到获得融资的目的。

中兴通讯股份有限公司作为全球第四大手机生产制造商，是我国最大的通信设备上市公司，为了对企业自身进行资金结构的调整，中兴公司已经在香港和深圳两个地区上市，让中兴能够以一个很好的方式出现在大众面前，这样一来就为企业建立了一个很好的群众基础，有利于中兴公司从各个方面获得融资，为企业的发展奠定基础。

2. 加强企业资本的运营，扩大资本市场的发展，优化资本结构

企业通过加强资本运营，扩大资本市场的发展，可以增强企业的获利能力，同时还可以增强企业的负债清偿能力，有利于企业获得长远利益。同时还有利于完善市场，为企业产业结构的调整和我国市场经济体制的完善奠定基础。

位于黑龙江省的国有企业森工作为我国国民经济建设的一大支柱，近年来由于受到金融危机的影响，面临着许多棘手的问题。在森林资源的有限性和金融危机的双重影响下，由于森工的资本结构比较单一，面临着十分严峻的考验。所以对于企业来说，优化资本结构是让森工渡过难关的唯一方式。

森工无论是生产还是扩大再生产，都需要资本的支持，资本注入到企业的整个生产和销售过程中，也影响着企业的利润分配的全过程。森工资

本结构的优化让企业在短时期内很好地适应了社会和市场的要求，为企业实现了利益最大化，同时又可以很好地转移风险。

对于一个企业来说，通过以上两种方式可以不断完善企业的资金结构，为企业获得更多利润。随着我国市场经济制度的不断完善，现代企业制度也开始建立起来，企业资金结构变得十分重要。确切地说，我国的企业资金结构也面临着许多问题。

首先是企业的股权结构不够合理，体现在企业的股权过于集中和国家控股比重过大，企业股权的过于集中会导致企业的小股东的许多权利受到限制，同时大股东很容易会因为自身的利益而伤害到其他小股东的利益，也容易出现大股东掌控企业全部权利的情况。而国家控股比重过大则容易导致“政企不分家”，不利于市场的发展和企业自身的进步。

其次是企业的债务结构十分复杂，无论是政府造成的财政性负债还是企业经营所导致的负债,都会让企业面临资金困难的问题,这些问题得不到解决的话,企业的资金结构就会走上一个恶性循环的道路，这十分不利于企业的发展。

企业必须想尽办法去完善企业的资金结构，因为企业的资金结构影响着企业的发展潜力，企业只有通过资本融资和资本筹资等方式对企业资金进行结构优化，让企业资金结构达到最优，才能够为企业赢得成功。

商业案例评析

福田汽车的资金链杠杆

福田汽车成立于1996年，作为一个上市公司，是一个跨地区、跨行业的国有控股上市公司。福田公司作为一个民族企业，创造了中国汽车业的奇迹，而福田汽车的资金链为创造奇迹功不可没。

资金链是企业维持生产运营的一个重要部分，是企业的基本循环资金链条。企业以获利为目的，如果企业不能有一个好的资金周转，就会严重影响企业的正常生产运营活动。资金链作为企业的“血液”，决定着企业的发展潜力。

福田汽车在其10多年的发展过程中，明确表达了企业对现金流的重视，强调了现金流在福田的未来发展中的战略地位。福田对于投资方面一直坚持短期投资，加快企业的现金流的循环，尽量避免需要长期资金投资的项目，从而保证企业有足够多的自由现金流。

福田对资金管理是十分重视的。福田在对其产品进行资金管理的时候，会首先对该产品所涉及的各个部门进行分析处理，通过分析得出不同产品之间所出现的资金差异，从而分析出各个部门对企业产品的影响和对企业整体发展的影响，进而对其进行调整和改善，让企业能够更好地保持现金流的自由和通畅。

福田通过对企业年度或者季度的资产负债表和现金流量表等各种数据的掌控，对企业的业务进行资金管理，让企业能够时刻保证现金流的充盈。

福田汽车通过很好地运用企业商业模式中的现金流管理工具，保证了企业资金很好地循环，为企业的不断成长作出了巨大贡献。下面我们来看一下福田企业的资金链是怎么样的?

1.通过定向募集资金维持企业运转

定向募集是一种发行股票的方式，这种方式是企业通过对少数的一些特定的投资者发行股票，而不采取股票公开发行的方式。

福田汽车公司在 2011 年就开始准备定向募集资金，福田汽车公司召开临时股东大会，向公司的控股股东、基金公司、证券公司、境内机构投资者和合格境外机构投资者等不超过 10 家特定的投资者发行股票，通过这个方式，福田汽车一共募集了将近 28 亿元的资金，对企业的发展起了很大的作用。

2. 以定向募集资金置换自筹资金

除了之前的通过定向私募资金的方式为企业获得大量的资金外，福田汽车还通过置换自筹资金的方式，以发行定向私募资金的方式置换之前投入的自筹资金。

通过这次置换自筹资金，提高了企业资金的使用效率，同时也为企业的投资者赚取了大量的利益，为企业获得了利益和名声。

一个企业的现金流的产生是离不开企业的价值链的，在企业的价值链上，福田汽车应该更加注重对产品的附加值的提升，建立一个完善的产品体系，从而为企业创造更多的利润和现金流量，让福田汽车能够一直保持一个很好的增长速度。

福田企业在拥有了一个很好的现金流之后，能够很好地维持企业的正常运营。同时，一个企业的资金链是具有杠杆性的，企业可以通过投资短期项目，保证企业的现金流自由，又能够达到投资的目的。对于企业来说，资金链条具有杠杆性，可以通过很小的投资，在经过资金链条之后，获得大量的投资收益。